# 【借金完全整理】
# 自己破産マニュアル

付 任意整理・特定調停・個人再生・過払金請求

弁護士神田 将[監修]

自由国民社

# はしがき

今日、消費者金融やクレジットのキャッシング、住宅ローンなどによって、借金地獄に陥る人が数多くいます。裁判所への自己破産申立件数（自然人）をみますと、平成一五年に約二四万件を記録し、その後は減少して平成二七年には約六万四〇〇〇件になりました。これは、貸金業法が改正されて、金利の引き下げ、取立規制の強化、貸付金額の規制（年収の三分の一）などが行われ一定の効果を上げたものですが、まだまだ膨大な数です。収入が伸びないことから、生活苦型の破産が多いように思われます。なお、令和６年には約七万五〇〇〇件と上昇に転じています。

借金地獄に陥る人は、もちろん、本人にも責任があるでしょうが、それぞれの人にはそれぞれの事情があり、このような人にも再出発の機会を与えなければなりません。法はこのような人たちのために自己破産などの借金整理の切札を用意しています。

本書はこの自己破産などの借金整理法ついいて、本人でも手続きができるように手続きの流れに則し、かつ書式などの書き方についても記入例を入れて平易に解説してあります。借金が膨らんでいってこのままだとどうなるか不安な方、なんとか借金の整理をしたいと悩んでいる方、借金整理をする決意はできたがどう手続きするか分からない方、是非、本書を活用してください。

なお、本書は、令和六年一〇月現在の最新の法令・判例により解説するとともに、収載の紛争事例・解決手続などの見直しを行い、より役に立つ内容としたものです。

令和六年一〇月三一日

監修　神田　将／生活と法律研究所

# 目次

## 第2章　自己破産による借金整理と手続き　35

## 第3章　任意整理・特定調停・個人再生・過払金返還請求の手続き　129

## 第4章 Q&Aによる 借金整理で起きる各種の問題の解決法 173

■巻末資料■

# 第1章

## これだけは知っておこう——
# 借金整理の基礎知識

♣借金が多くなると、通常、債権者の返済の催促も厳しくなり、債務者はいつも借金のことが頭から離れなくなります。このような状況になったら、借金の整理を考えてください。本章で示す債務整理法で借金地獄からの脱出が可能です。

# ●借金整理のすすめ

## ■借金の整理法にはいくつかの方法がある

その人の収入にもよりますが、一定の金額以上の借金になると、借金の返済に追われて、借金の返済のために借金を繰り返すという状況になります。こうなれば、もう自転車操業です。このような状況から脱出するためには、以下の方法で借金を整理するしかありません。

①　**任意整理による借金整理法**（二六・一三二ページ参照）
②　**民事調停（特定調停）による借金整理法**（二六・一三六～一四九ページ参照）
③　**個人（民事）再生による借金整理法**（二七・一五〇～一六五ページ参照）
④　**自己破産による借金整理法**（二六ページ、2章〈三五ページ以下〉参照）
⑤　**過払金の精算による借金整理法**（二六ページ、一六六～一七一ページ参照）

①の任意整理による方法は、比較的借金が少ない場合などに、裁判所などの公約機関を通さず、私的に債務を整理しようというものです。債務者の支払能力等に応じて債務を減額し、一括弁済あるいは分割弁済で支払うという方法がとられます（交渉が必要なので弁護士に頼むのがよい）。

②の民事調停（特定調停）による債務整理は、これも借金があまり多くない場合の整理法で、簡易裁判所に調停を申し立てて行います。調停委員からは利息制限法の金利に引き直して調停案

が出され、双方が合意すれば調停が成立し減額した額を弁済します。

③の民事（個人）再生による借金整理法は、裁判所の認可により減額された一定額を弁済し、住宅ローンがあっても住宅を失うことなく、再生ができる特則もあります。

④の自己破産による借金整理は、借主が支払不能の状況に陥っている場合の借金整理法です。破産手続開始の申立を裁判所にし、その決定を得て、さらに免責の決定を得れば、租税などの一部の債務を除いて借金はなくなります。

このうち、どれを選ぶかは、個々人の事情に応じて判断することになります。

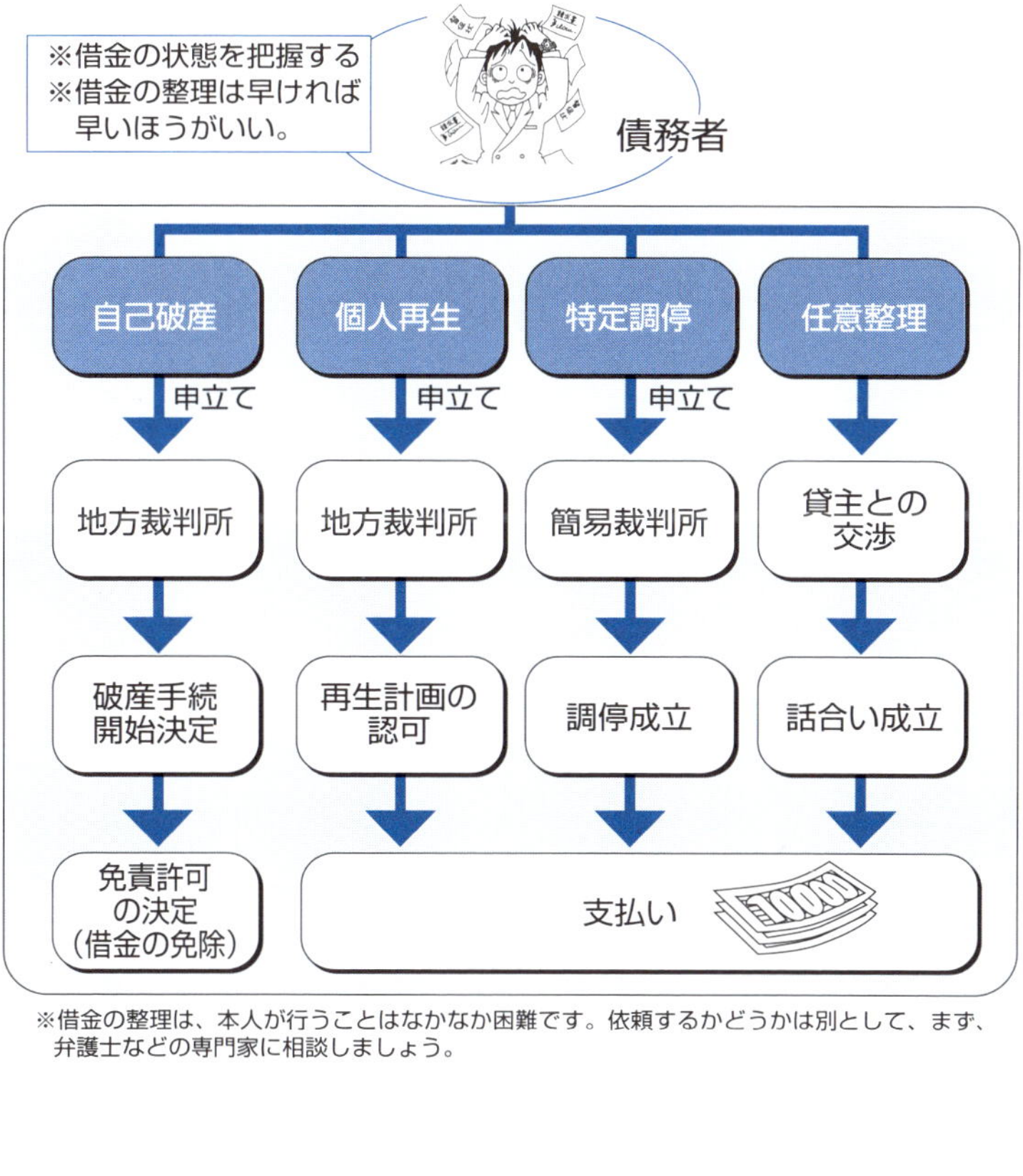


※借金の整理は、本人が行うことはなかなか困難です。依頼するかどうかは別として、まず、弁護士などの専門家に相談しましょう。

借金整理入門❶

# 1 借金地獄の解決は借金を整理する決断から…

## 借金がどんどん増えていく不安にかられているあなた……

はじめは自分の収入で十分返済が可能だと思っていた借金も、いろんな事情により一定の借金の限度を超えると、借金は雪だるま式に増えていきます。何とかしたいという思いが、拍車をかけ、借金の返済のために借金を繰り返すという借金地獄に陥ります（次ページ表参照）。この状態になれば、どの方法かで借金を整理するしかありません。本書の主テーマである自己破産だけでなく、借金整理の方法は他にも用意されています。早めの対策を立ててください。

## 借金の取立が厳しくなっていく不安をいだいているあなた……

返済が滞りがちになると、当然ながら電話で催促されたり、督促状がきます。今日では、貸金業法の取立規制により以前のような厳しい取立はありませんが、返済の催促は電話があるだけでも憂鬱なものです。借金がふくらみ返済のメドさえもたっていなければなおさらです。

このような事態に陥ったら、早い時期に、債務を整理する必要があり、弁護士や司法書士に相談することをお勧めします。弁護士等に整理の処理を受任してもらったり、破産手続開始の申立が受理されれば、消費者金融などの貸金業者は正当な理由なく催促はできなくなります。

**ポイント** 借金地獄におちいったら早めの対策を……。

## 複利表（年利）　※元金 1 に対する元利合計（小数点第 4 位切捨て）

| 年＼率 | 3% | 10% | 15% | 18% | 20% |
|---|---|---|---|---|---|
| 1 | 1.030 | 1.100 | 1.150 | 1.180 | 1.200 |
| 2 | 1.060 | 1.210 | 1.322 | 1.392 | 1.440 |
| 3 | 1.092 | 1.331 | 1.520 | 1.643 | 1.728 |
| 4 | 1.125 | 1.464 | 1.749 | 1.938 | 2.073 |
| 5 | 1.159 | 1.610 | 2.011 | 2.287 | 2.488 |
| 6 | 1.194 | 1.771 | 2.313 | 2.699 | 2.985 |
| 7 | 1.229 | 1.948 | 2.600 | 3.185 | 3.583 |
| 8 | 1.266 | 2.143 | 3.059 | 3.758 | 4.299 |
| 9 | 1.304 | 2.357 | 3.517 | 4.435 | 5.159 |
| 10 | 1.343 | 2.593 | 4.045 | 5.233 | 6.191 |
| 11 | 1.384 | 2.853 | 4.652 | 6.175 | 7.430 |
| 12 | 1.425 | 3.138 | 5.350 | 7.287 | 8.916 |
| 13 | 1.468 | 3.452 | 6.152 | 8.599 | 10.699 |
| 14 | 1.512 | 3.797 | 7.075 | 10.147 | 12.839 |
| 15 | 1.557 | 4.177 | 8.137 | 11.973 | 15.407 |
| 16 | 1.604 | 4.594 | 9.357 | 14.129 | 18.488 |
| 17 | 1.652 | 5.054 | 10.761 | 16.672 | 22.186 |
| 18 | 1.702 | 5.559 | 12.375 | 19.673 | 26.623 |
| 19 | 1.753 | 6.115 | 14.231 | 23.214 | 31.947 |
| 20 | 1.806 | 6.727 | 16.366 | 27.393 | 38.337 |
| 21 | 1.860 | 7.400 | 18.821 | 32.323 | 46.005 |
| 22 | 1.916 | 8.140 | 21.644 | 38.142 | 55.206 |
| 23 | 1.973 | 8.954 | 24.891 | 45.007 | 66.247 |
| 24 | 2.032 | 9.849 | 28.625 | 53.109 | 79.496 |
| 25 | 2.093 | 10.834 | 32.918 | 62.668 | 95.396 |
| 26 | 2.156 | 11.918 | 37.856 | 73.948 | 114.475 |
| 27 | 2.221 | 13.109 | 43.535 | 87.259 | 137.370 |
| 28 | 2.287 | 14.420 | 50.065 | 102.966 | 164.844 |
| 29 | 2.356 | 15.863 | 57.575 | 121.500 | 197.813 |
| 30 | 2.427 | 17.449 | 66.211 | 143.370 | 237.376 |

＊借金は元金に利息を加えて返済しなければなりません。

借金整理入門②

# 2 各種の借金と内容を知っておこう

## 借金の実情を知ろう

借金は法律上は債務（負債）といい、その金額や弁済方法等は契約（約束）によります。借金は借入れ目的により一般生活費、住宅ローン、事業資金などに別れますが、法律は業者ごとに規制を行っていますので、業者ごとに借金を分類整理するとよいでしょう。

「消費者金融（サラ金）」は庶民（小口）金融の代表例です。通常金利が高く、利息制限法の上限に近い金利ですが、比較的簡単に融資してくれることから利用者が多くいます。

「クレジット」とは、商品を買ったり、サービスを受けたりするときに延べ払いにしたり分割払いにしたりして、信用により品物を売買することをいいます。代金は契約に従い、後日、支払うことになります。金銭の貸し借りによる「ローン（月賦払い）」もあります。クレジットカードで現金を借りることを一般には「キャッシング」といい、クレジット会社もキャッシングサービスをしていますから、キャッシングについては、ローンと同じです。

貸金業の規制法としては、①「貸金業法」②「出資法」③「利息制限法」があり、クレジット取引の規制法として④「割賦販売法」があります。

①「貸金業法」は、消費者金融など貸金業者の業務内容について規制した法律です。したがっ

て、銀行などの貸付け（「カードローン」含む）については貸金業法の適用はありません。

②「出資法」は、消費者金融など貸金業者の貸付金利に関して刑事罰の対象となる金利の限界などを定めています。貸金業者は年率二〇%を超えると刑事罰が科されます。

③「利息制限法」は、民事的効力の限界となる金利などについて定めています。この法律に定める制限利率を超えた場合、その超えた部分の利息は無効となり、元本の返済に充当されます。

## カード会社の手数料やキャッシングの金利は決して安くはない！

消費者金融は、ほぼ利息制限法（二〇ページ参照）の制限金利に近い利率となっています。

クレジットは、金銭の貸し借りではないので、品物を買った場合の手数料には、利息制限法や出資法が適用されません。翌月一括払いのときには手数料がかかりませんが、分割払いのときには分割回数に応じて手数料が定められていて、実質年率は一〇～一三パーセント程度です。なお、クレジットによる購入ではリボルビング方式による支払があり、これはあらかじめ一定の利用限度額と毎月の支払額あるいは一定割合の支払額を決め、その限度額の範囲内で買物をするという代金決済方式のことです。これに対してキャッシングは貸金ですから、消費者金融の一つとして、貸金業法や出資法、利息制限法の適用をうけます。

銀行のカードローンの金利は、借入額に応じて実質年率八～一二パーセントぐらい、信販系・流通系カードのキャッシングの分割払は、実質年率一五～一八パーセント程度が多いようです。

**ポイント**　ローンやキャッシングの規則には貸金業法・出資法・利息制限法がある。

# 3 貸金業者を規制する法律の内容を知っておこう

## 貸金業法のポイント

消費者金融などの貸金業者は、「貸金業法」で厳しくその業務等を規制されています。業者がこの法律に違反する行為をした場合、監督官庁等に申し出て処罰してもらえます。

### ①開業規制

貸金業の開業は内閣総理大臣（実際は各地の財務局）または都道府県知事に事前登録する登録制とし、三年ごとに登録の更新を受けなければなりません。無登録業者は、一〇年以下の懲役もしくは三〇〇〇万円（法人は一億円）以下の罰金またはこれらが併科されます。また、貸金業に参入するには純資産が五〇〇〇万円以上であることが必要で、暴力団員等は貸金業を営むことや委託されて取立てをすることはできません。

### ②業務規制

消費者保護のため規定で、主なものは以下のようになっています。

(1)返済能力の調査義務（一三条、年収の三分の一以下）
(2)過剰な貸付け等の禁止（一三条の二）
(3)貸金業者が、その従業員に証明書を携帯させる義務（一二条の四）
(4)暴力団員等を業務に従事させたり、業務補助者での使用の禁止（一二条の五）
(5)貸付条件を店内に掲示し、誇大広告等を規制（一四条・一五条）なお、連絡先についでは、登記簿登録のものを表示しなければならず、実質的に「０９０」金融は禁示された。
⑹契約締結前、契約締結時に、受取証書などの書面の交付義務（一六条の二～一八条）
⑺特定公正証書作成に関する白紙委任状の取得等の制限（二〇条）
⑻悪質な取立行為の規制（二一条〈三四ページ参照〉）、債権譲渡等に関する規制など（二四条）

〈行政の監督権限〉貸金業者に対する監督行政庁は、金融庁（各地の財務局）と都道府県貸金業指導係で、⑴報告徴収、⑵立入検査、⑶業務改善命令、⑷業務停止、⑸登録取消などの行政処分を含む監督権限が付与されています。

## 貸金業法違反の業者は訴えよう

「貸金業法」は、業者を規制する法律で、借り手の側からすれば、業者を訴えたり、監督官庁へ苦情を申し立てたりする際の重要な武器ともなります。たとえば、悪質な取立で困っている場合、貸金業法の取立行為の規制に違反すれば、監督行政庁（金融庁・各地の財務局または都道府県貸金業指導係）に苦情の申立をして、「貸金業法」違反の業者に対して業務停止、登録取消しの行政処分を求めることができます。

なお、借主が借金の整理をすることにして弁護士や司法書士に依頼したり、自己破産などの法的手続きをとった場合は、業者は正当な理由なく本人に直接の支払請求（取立）をしてはならないことになっています。違反行為に対して毅然とした態度で臨むことが必要です。

**ポイント**　「貸金業法」の規制に違反する業者に対しては行政処分などを求めることができる。

# 4 利息のしくみについても知っておこう

## 利息制限法違反の金利

利息制限法は、貸金の制限金利について、以下のとおりに定めています。

①元本が一〇万円未満は年二〇パーセント、
②元本が一〇万円以上一〇〇万円未満は年一八パーセント、
③元本一〇〇万円以上は年一五パーセント、

そして、この制限金利を超過する部分については利息契約を無効としています。

利息制限法で定めた金利を超える部分については、まず元本に充当され、元本に充当していった結果、元本が完済になった後の過払金については、過払金の返還請求ができます。

支払が遅れた場合の遅延損害金などの約定は、制限利率の一・四六倍までの定めは有効ですが、それを超えるときは超過部分につき無効です。

利息を天引された場合は、天引額が制限利率で計算した額を超える場合は、その超過部分は元本の支払にあてたものとみなされます。基準となる元本額は、現実に受領した金額を元本として計算します。つまり、天引前の名目上の元本は計算する場合の実際の元本とはならないのです。

また、業者が契約の際に礼金、手数料、調査料、割引料等と称して一定の金銭を受け取った場合は、これらは利息の先取りとなります。

しかし、利息制限法の制限金利を超える利息をとったからといって、必ずしも刑事罰の対象にはなりません。刑事罰が課せられるのは、後述する年二〇パーセントを超える貸付契約等の場合です。

## 出資法による刑罰金利

貸金業者が年利二〇パーセントを超えて金利による契約をした等の場合は、刑事罰を受け（出資法五条）、五年以下の懲役もしくは一〇〇〇万円（法人三〇〇〇万円）以下の罰金、またはこれらが併科されます。また、年利一〇九・五パーセントを超える利息の契約をしたとき等では、貸金業者でなくても一〇年以下の懲役もしくは三〇〇〇万円（法人一億円以下）以下の罰金、またはこれらが併科されます。

**ポイント**　出資法違反の金利は刑事罰。

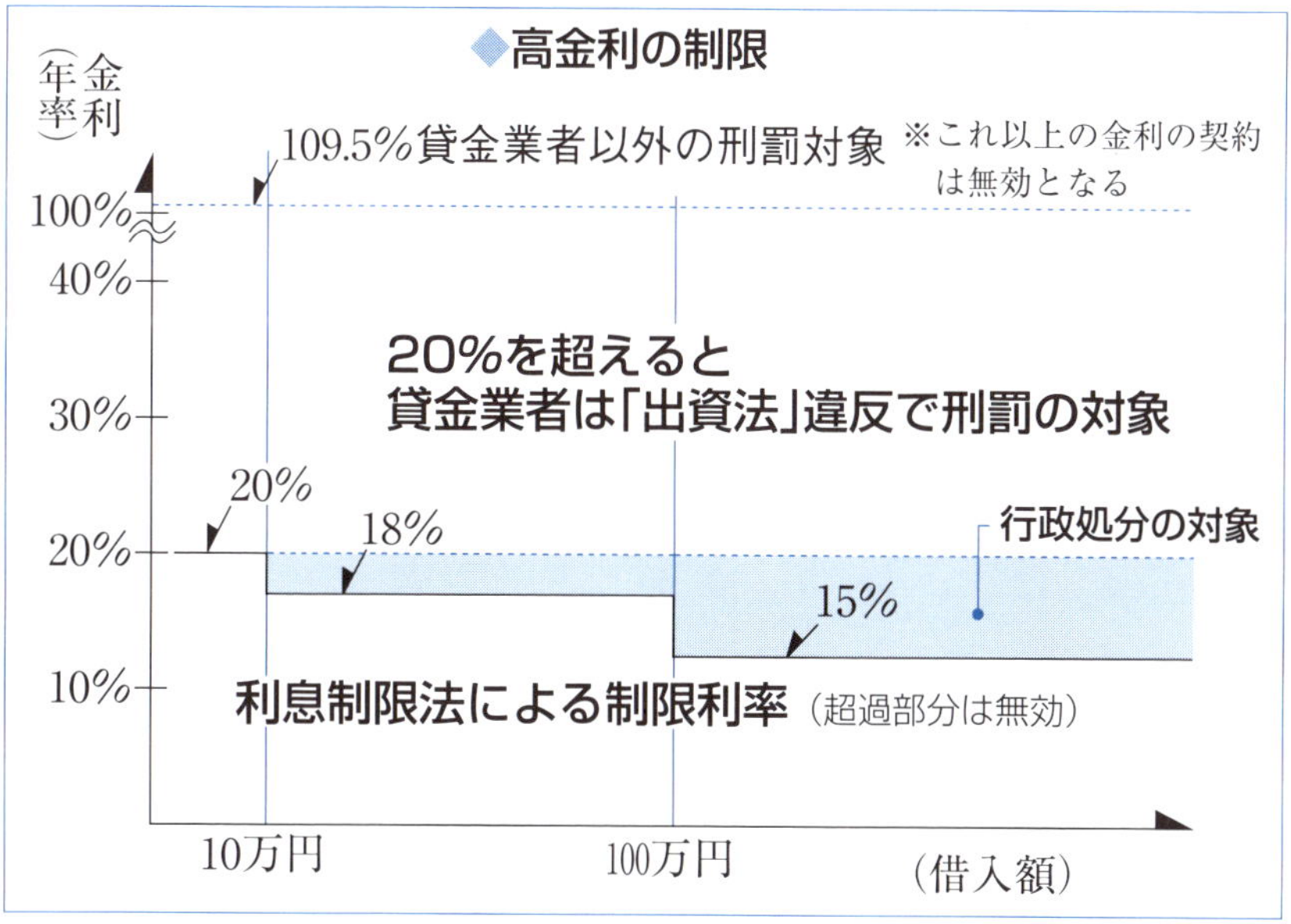

借金整理入門⑤

# 5 どうしようか悩んでいる方、借金はこう増える

## そんなに複雑ではない金利計算

借金整理をする場合には、自分のおかれている状況を客観的に把握しておく必要があります。そのためにはまず、金利計算の把握が必要になります。金利の計算は、これから借金の額がどうなっていくのか判断するのに必要です。

まず、借金の金利で今後の借金額がどうなるかを計算します。また、念のために任意の債務整理などで必要となる場合もありますので、利息制限法（二〇ページ参照）の金利によって計算しなおす作業もしておきましょう。改正貸金業法（平成一八年）が施行される以前は、たいていの業者は利息制限法で定める金利以上の利息をとっていたからです。なお、借金の利息が年利一五パーセント（利息制限法による上限金利）で、これを毎月借り入れて返済した場合のシミュレーションを次ページに掲げました。金利が金利を生んでたった数年で何倍にも膨れあがります。

つぎに、利息制限法に基づいて毎月の元金を確定する計算方法ですが、これは、次ページの下表ようになります。このようなやり方で計算していくと、借金債務はだいたい少なくとも二～三割、多いときには五割程度も縮減されることもあります。

**ポイント** 任意整理の場合など利息制限法の金利によって計算しなおす場合もある。

## ■自転車操業に見る負債額シミュレーション

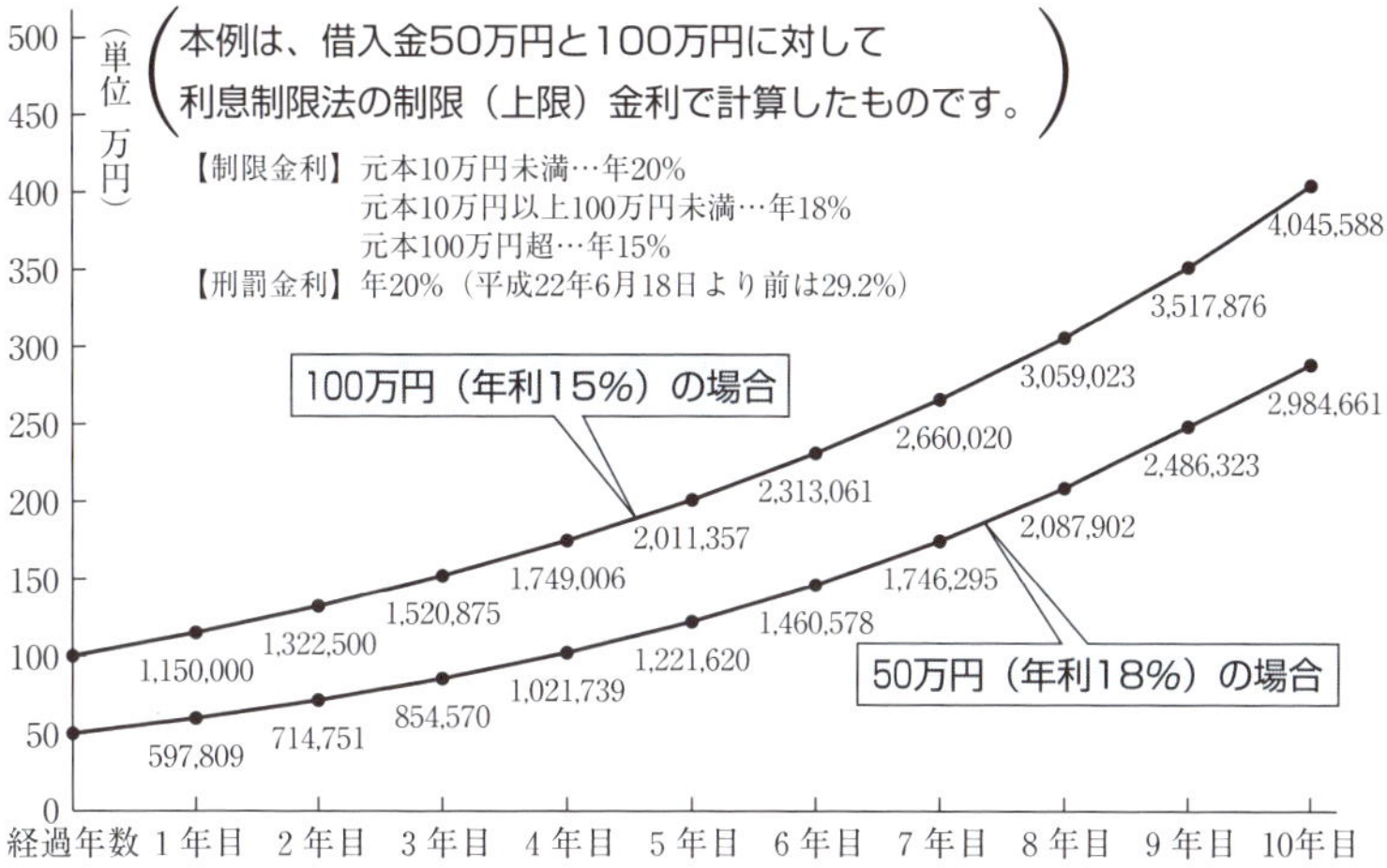


（注）借金とその利息を毎月カードでキャッシングをしたり、消費者金融から借り入れて支払うことを繰り返したと仮定した場合。

## ■100万円借り入れて年率29.2%で利息のみを支払った場合の利息制限法によるやり直し

※29.2%は平成22年6月28日より前の刑罰金利

| 支払日 | 日数 | 借入金利年率29.2%（日歩8銭） | 利息制限法年率15%（日歩4.109銭） | 過払分 | 元本残 |
|---|---|---|---|---|---|
| 1月分 | 31 | 24,800 | 12,739 | 12,061 | 987,939 |
| 2 | 28 | 22,400 | 11,368 | 11,032 | 976,907 |
| 3 | 31 | 24,800 | 12,455 | 12,355 | 964,552 |
| 4 | 30 | 24,000 | 11,891 | 12,109 | 952,443 |
| 5 | 31 | 24,800 | 12,133 | 12,667 | 939,776 |
| 6 | 30 | 24,000 | 11,568 | 12,414 | 927,362 |
| 7 | 31 | 24,800 | 11,814 | 12,986 | 914,376 |
| 8 | 31 | 24,800 | 11,648 | 13,152 | 901,224 |
| 9 | 30 | 24,000 | 11,110 | 12,890 | 888,334 |
| 10 | 31 | 24,800 | 11,317 | 13,483 | 874,851 |
| 11 | 30 | 24,000 | 10,785 | 13,215 | 861,636 |
| 12 | 31 | 24,800 | 10,977 | 13,823 | 847,813 |

※１円未満は切捨てました。月払いの場合は$\frac{\text{月日数}}{365}$で計算。過払分は元本に充当されます。

# 6 借金が一定額を超えると整理が必要となる

## 借金についての法律による規制

改正貸金業法で、総量規制が導入されて、貸金業者は顧客の総借入残高が年収の三分の一を超える貸付をすることが禁止しています。したがって、借りる側からすれば、年収の三分の一を超える消費者金融などの借入はできなくなったわけですが、これはあくまで貸金業者からの借金に限ったことで、銀行や信用金庫・信用組合・労働金庫などの金融機関からの借入は別です（住宅ローンなど）。ただし、貸金業者よりも審査が厳しい面もあり、貸金業者から年収の三分の一に相当する額を借入れて、さらに銀行などの金融機関から借り入れようとしても難しい場合もあるでしょう。

そんなことから、欲しい物がある場合に、消費者金融から現金で借りて購入するより、クレジット（カード）で購入するということが考えられます。この場合も、クレジットの決済日にはお金を用意しなければなりませんので、クレジットを使い過ぎると、経済的に破綻することになります。特に、リボ払いの場合は注意を要します。リボ払いは、月々の支払いを一定額に抑える支払い方法で、支払額が少ない分、残高が減らないことになり、その残高に対して手数料がかかるために支払い総額が増えることになります。

なお、割賦販売法の改正により、クレジット会社は、契約に際して顧客の年収やクレジット債務の調査義務を負い、年間支払可能見込額を超えるクレジット契約は禁止されています。

## 借金の管理を怠りなく

給与が右肩上がりだった高度成長の時代は夢のまた夢です。収入および借金の管理は必ずやるべきです。これは、消費者金融などから借金している人だけに限ったことではありません。クレジットカードの使い過ぎで、カード利用が止められて初めて、多額の借金があることに気づく人もいます。

クレジットカードの発行枚数は、平成三〇年三月末現在二億七八二七万枚で、これは成人一人当たり二・七枚のカードを所持していることになります。また、平成三一年一月分の調査によれば、信用供与額は五兆〇八七六億円（うちキャッシング融資額一三三一億円）に達しています。

また、これは直接の借金ではありませんが、連帯保証による保証債務もあります。つい友人に頼まれて保証人になったという人もいます。保証人になることが悪いことではありませんが、保証人は、借金をした人がその借金の返済ができなければ、代わって返済しなければなりません。保証債務も立派な債務(借金)だと思ってください。保証人の自己破産は結構多くあるのです。

なお、ヤミ金融はヤミ金融対策法があるにも関わらず、現在も存在するようです。ヤミ金融は消費者金融からの借入れができない人を主な顧客としているところもあるようですが、高金利で厳しい取り立てがありますので、絶対に利用しないことです。

**ポイント**　借金は早めに精算しなければズルズルと増える。

# 7 借金整理の方法を知っておこう

## 任意整理と裁判所を利用する借金整理の方法がある

返済不可能の場合は、「自己破産」という手段が考えられます。破産するほどではない場合には、「任意整理」「特定調停」「個人（民事）再生」の方法があります。自己破産を除く債務整理では、いずれも借金を減額し、分割払いにするなどの方法がとられますが、今までの借金整理では、旧貸金業法が利息制限法の規定以上の金利を認めていた（現在は認められない）ことから、利息制限法で計算し直して**「過払い分で精算」**する方法が主にとられました。

①**「任意整理」**は、裁判所が介入せずに、債権者と債務者双方が合意して整理を行う方法です。借金の合計額が二〇〇万円程度以下であれば任意整理もよいでしょう。

ただ、債務者の立場は弱く、個人では債権者と交渉しにくいのが実情です。そこで弁護士等に依頼するのもよいでしょう。また、業者の中には、債務者の家族の事情を説明して長期分割返済に協力してほしい旨を相談すれば、協力してくれる場合もあります。この場合には、通常、債務者が毎月弁護士事務所に返済金を持参して、事務所から業者に支払うことになります。現在、借金整理の方法としては任意整理の方法も多く用いられているようです（一三二ページ以下参照）。

②**「特定調停」**による整理は、裁判所を通じてする債務整理で、あまり借金額が多くない場合

に利用すると有効です。簡易裁判所に用意されている申立書に印紙を貼り提出します。合意がとのえば裁判所が「調停調書」を作成し、債務者はその調書で決められたとおりに支払っていくことになります（一三六ページ以下参照）。

③「個人（民事）再生」による整理は、一定の条件に該当する人が裁判所へ申立てをすることにより、減額された弁済金を分割で返済していくもので、これには小規模個人再生と給与所得者等再生があり、また住宅資金特別条項を定めることにより住宅を失うことなく再生ができます（一五〇ページ参照）。

## 「整理屋」「買取屋」「紹介屋」に頼んでも借金整理にはならない

「借金整理」は、自分でもまた親戚や知人に頼んだりしてもできますが、自己流でやって将来に禍根を残さぬようにできるだけ信頼できる弁護士などに相談して行うのがベターです。

スポーツ紙や街で配布されるティッシュに封入されたチラシなどで「借金でお困りの方はご相談ください」という甘い勧誘の広告文を目にすることがあります。その多くは「整理屋」「買取屋」「紹介屋」と呼ばれる悪質業者です。「整理屋」「紹介屋」らは詐欺同様の手口で他から借金をさせたり、親や兄弟の不動産を無断で担保に入れさせたりします。「買取屋」は、クレジット・カードで高価な品物を購入させて安く買い取り、当面の返済金を作らせたりします。依頼者自身も詐欺罪に問われたり、家族や知人まで借金地獄に巻き込むという最悪の状態に陥りかねません。

**ポイント**　借金整理法として自己破産・任意整理・特定調停・民事再生がある。

# 8 手続きで困ったら、まず相談所などを利用しよう

## 一人で心配なら弁護士に相談しよう！

自分の身内がクレジット・消費者金融などから多額の債務を抱えていることを発見した人や、自分が多重債務者だといった自覚のある人は、冷静に判断できる人に相談するとよいでしょう。自己破産のような借金整理については、破産法の知識などをはじめとする法的知識が要求されますから、ある程度専門的な知識を持っている人に相談する必要があります。通常は専門家である弁護士に相談するようです。

知り合いの弁護士がいれば安心ですが、知り合いに弁護士がいない場合があります。それでも自己破産申立をする必要があり、どのような手続きをしたらよいのかわからないのであれば、弁護士会の法律相談センターや地方公共団体などが行っている相談機関で、早期にアドバイスをうけることが重要です。法テラスでも相談先を教えてくれます。（一一七ページ以下参照）

## 相談しながら本人でやる方法もある

各都道府県に一つずつ（ただし北海道と東京は複数）ある弁護士会の法律相談センターでは、自己破産申立の相談をすることができますし、弁護士を紹介してもらうこともできます。弁護士に頼むと高くつくと思っている人もいるようですが、弁護士会の借金に関する初回相談料は原則

▼弁護士受任の通知書の例（弁護士⇩債権者）

# 通　知　書

冠省　当職は、このたび貴社より借入をしている後記債務者の依頼により、同人の負債の整理について受任することになりましたので、ご通知申し上げます。

つきましては、貴社から直接債務者本人や保証人に御請求その他の行為がありますとトラブルのもとになりますので、今後本件に関する御連絡等は当職宛になされるようお願い致します。

なお、一部の貸金業者は、債務者に厳しい取立て行為をしているところがありますが、今後このような行為が続きましたら法的手段に訴えますので、この点よろしくご理解いただくようお願い申し上げます。　草々

令和　年　月　日

債務者の住所

氏名

右債務者代理人

弁護士　㊞

債権者　各位

として無料ですし、たとえば破産申立をすることにして最初から免責まで依頼した場合、弁護士費用は四〇万円程度（日当、交通費などの実費は別）です。

司法書士に書類の作成を頼むとか、本書のような書き方マニュアルがあれば自分でもできます。しかし、手続きの途中で債権者に住所を知られ、金融業者などからしつこく追い回される危険性がある場合には、債権者対策も含めて弁護士に委任するのがよいでしょう。

なお、東京地方裁判所などでは即日面接手続きがあり、代理人である弁護士が破産申立をすると、原則として、その日に裁判官による面接が行なわれて即破産手続開始決定がなされます。こうした裁判所の管轄に住む債務者は、弁護士に依頼する方がよいでしょう（四六ページ参照）。

**ポイント**　まず、弁護士に相談した方がよい。

# 9 借金整理で起きる問題をあらかじめ知っておこう

## 借金整理の費用がないとき

日本司法支援センター（愛称「法テラス」）では、支援業務の一つとして、民事法律扶助を行なっています。この扶助の内容は、資力の乏しい人に対して訴訟費用や弁護士費用の立替えを行います。自己破産申立事件に関しては、免責の見込みがあり、資力が一定額以下（基準あり）で自分で費用が負担できない人に対して弁護士費用の立替えなどを行います。日本司法支援センターは、全国五〇か所に地方事務所があります（コールセンター☎〇五七〇-〇七八三七四）。

## 手続きがわからないときの相談・依頼

自己破産申立は債務者が現在住んでいる住所地にある地方裁判所またはその支部で行いますが、自己破産申立手続きや自己破産申立の費用（印紙代・予納金・予納郵券など）がわからないときはその窓口に問い合わせてみるとよいでしょう。

絶対にやめた方がよいのは、示談屋や整理屋、買取屋（二七ページ参照）に処理をまかせることです。高い手数料をとられた上にいいかげんな処理をされたり、だまされたりしてかえって負担が大きくなったという被害にあった人もいます。どうか注意してください。弁護士の名を借りた整理屋もいるようですので注意が必要です。

### 保証人への対応

任意整理により借金の整理をする場合には、全部借金の整理がつけば問題ないのですが、自己破産によって借金の整理をする場合には、本人は免責がえられますが、保証人には借金した人に代わって支払の義務が生じることになり、保証人にも支払能力がない場合には、保証人も自己破産せざるをえない状況にならないともかぎりません。借金の整理をする場合には、あらかじめ保証人にも相談して対応を考えておくとよいでしょう。

### 家族への対応

貸金業者などからの電話等の督促により、本人の家族はだいたいの事情は察していることが多いはずです。住宅など財産がある場合には、住宅は差し押さえられ競売に付されますので、出ていかなければなりません。また、破産となり免責がえられたとしても、経済的に立ち直るには家族の協力は必要です。ときどき、偽装離婚して財産を分与したことにし、財産の一部を確保しようということを考える人もいるようですが、この離婚は無効であり、債権者から異議の申立が出ることも考えられますし、以後の夫婦仲もうまくいくはずもありません。

### 職場での対応

借金整理は、会社とは無関係で解雇などをすることは許されません。しかし、業者が給与等を差し押さえてくる危険はあります。親しい上司には報告しておくのもよいでしょう。

**ポイント**　債務整理は投げやりにならず、真剣に対処すること。

借金整理入門⑩

# 10 将来を見通した借金整理を考えよう

## サラ金パニックの教訓

昭和五七年～五八年は第一次サラ金パニックと言われ、自殺者が出て悲劇が相次ぎました。そのため、貸金業規制法が誕生し、金利等や取立てに対する規制が行われ、いったんは自己破産も減少しました。しかし、平成二年のバブルの崩壊、そして長引く不況により、平成一五年には自己破産件数は、約二四万二〇〇〇件を記録しました。

こうした中、平成一八年に貸金業法の改正が行われ貸出金利の引き下げ、取立て規制の強化、貸出規制の導入（年収の三分の一以下）などの方法がとられ、平成末から令和に入って以降の自己破産件数は七万件前後まで減少しています。

自己破産の要因としては、①借金が多くなり返済ができなくなり自己破産する、②借金の取立てが厳しくそれを逃れるために自己破産する、といった原因があるようです。取立て規制で、今日、業者の取立てが緩くなり、結果として債務整理が遅れることがないよう注意が必要です。

また、最高裁が利息制限法超過部分の支払済金利（過払金）の取戻しをしやすくする判決を出したことで過払金の返還請求が相次ぎ、これにより結果的には多くの債務者が借金整理をしています。ただし、この過払金の元本への充当・返還請求は一度限りです。最近では、クレジットカードの信用供与額（キャッシング含む）が増大し、自己破産も上昇に転じています。

カード社会である今日、借金をせずに暮らすことは難しいでしょう。貸金業法改正で、原則として年収の三分の一までを借入れ限度額とする総量規制が設けられました。しかし、銀行等からの住宅ローン等の借入れには適用されません。加えて、格差社会となり低所得者層は増加し、ヤミ金融などの問題もあります。こうした状況下、いつまた借金パニックが訪れないとも限りません。

## 今後の借金整理についての考え方

自己破産などの借金整理は、以前は、とにかく借金をなくして再出発しようというものでした。どちらかと言えば、後ろ向きな発想で、借金整理後のことは後で考えなさいというものです。しかし、こうしたことでは再び生活苦に陥る人が多く出るでしょう。そうではなく、将来のよりよい生活をするために自己破産をするといった考え方を持ちましょう。

例えば、高齢者で働けず収入もほとんどなく借金でなんとかやってきたという人の場合、生活保護を受けるために自己破産をする（借金返済のために生活保護費を使えない）ということも考えられます。また、個人事業者で多額の借金があれば、なかなか金融機関は融資をしてくれません。そこで、自己破産をして財産を吐き出し、裸一貫で出直すということも考えられるでしょう。破産といった苦しいなかでも、そこに将来を見通す展望は持つべきです。また、状況に応じて、他の借金整理を含めて生活設計の見直しを行うことも重要でしょう。

**ポイント**　自己破産などの借金整理は暗いことだが将来のビジョンを持つこと。

## ◆取立行為の規制（貸金業法二一条一項）

※貸金業を営む者又は貸金業を営む者の貸付けの契約に基づく債権の取立てについて貸金業を営む者その他の者から委託を受けた者は、貸付けの契約に基づく債権の取立てをするに当たつて、人を威迫し、又は次に掲げる言動その他の人の私生活若しくは業務の平穏を害するような言動をしてはならない。

一　正当な理由がないのに、社会通念に照らし不適当と認められる時間帯として内閣府令で定める時間帯に、債務者等に電話をかけ、若しくはファクシミリ装置を用いて送信し、又は債務者等の居宅を訪問すること。

二　債務者等が弁済し、又は連絡し、若しくは連絡を受ける時期を申し出た場合において、その申出が社会通念に照らし相当であると認められないことその他の正当な理由がないのに、前号に規定する内閣府令で定める時間帯以外の時間帯に、債務者等に電話をかけ、若しくはファクシミリ装置を用いて送信し、又は債務者等の居宅を訪問すること。

三　正当な理由がないのに、債務者等の勤務先その他の居宅以外の場所に電話をかけ、電報を送達し、若しくはファクシミリ装置を用いて送信し、又は債務者等の勤務先その他の居宅以外の場所を訪問すること。

四　債務者等の居宅又は勤務先その他の債務者等を訪問した場所において、債務者等から当該場所から退去すべき旨の意思を示されたにもかかわらず、当該場所から退去しないこと。

五　はり紙、立看板その他何らの方法をもつてするを問わず、債務者の借入れに関する事実その他債務者等の私生活に関する事実を債務者等以外の者に明らかにすること。

六　債務者等に対し、債務者等以外の者からの金銭の借入れその他これに類する方法により貸付けの契約に基づく債務の弁済資金を調達することを要求すること。

七　債務者等以外の者に対し、債務者等に代わつて債務を弁済することを要求すること。

八　債務者等以外の者が債務者等の居所又は連絡先を知らせることその他の債権の取立てに協力することを拒否している場合において、更に債権の取立てに協力することを要求すること。

九　債務者等が、貸付けの契約に基づく債権に係る債務の処理を弁護士若しくは弁護士法人若しくは司法書士若しくは司法書士法人（以下この号において「弁護士等」という。）に委託し、又はその処理のため必要な裁判所における民事事件に関する手続をとり、弁護士等又は裁判所から書面によりその旨の通知があつた場合において、正当な理由がないのに、債務者等に対し、電話をかけ、電報を送達し、若しくはファクシミリ装置を用いて送信し、又は訪問する方法により、当該債務を弁済することを要求し、これに対し債務者等から直接要求しないよう求められたにもかかわらず、更にこれらの方法で当該債務を弁済することを要求すること。

十　債務者等に対し、前各号（第六号を除く。）のいずれかに掲げる言動をすることを告げること。

# 第2章

# 自己破産による借金整理と手続き

♣借金整理で自己破産をすると決めたら、まず自己破産制度についての概略、次に手続の方法を理解しておく必要があります。

本書では素人でもわかるよう破産申立から免責まで、そのポイントを解説しました。

# 自己破産手続きの流れ

◆こんな心配がある人はここを読んでください

①支払不能だがどう借金を整理すればよいか分からないとき⇩24〜27ページ
②自己破産のメリット・デメリットについて知りたいとき⇩54〜59ページ
③どういう場合に支払不能の状態になるかを知りたいとき⇩44ページ
④弁護士に自己破産を相談・依頼したいとき⇩28ページ

債務者（借主） ⇄ 債権者（貸主）
（貸出／返済）

●借金を整理するには、任意整理・特定調停・個人（民事）再生・自己破産の方法がある。

●自己破産するためには、支払不能の状態にあることが必要である。

●支払不能とは、弁済できない状態が継続的であることをいう。

## 1 支払不能の状態

相談先

●弁護士会・法テラス、種々の無料法律相談所など。手続きについては地方裁判所およびその支部。

※申立書は裁判所にある（東京地方裁判所など即日面接手続きがある裁判所には用意されていない）

## 2 破産手続開始申立

※東京地方裁判所等の場合、弁護士が受任した事件については、破産手続開始の申立日（あるいは3日以内）に裁判官の面接が行われ、その日に破産手続開始をする即日面接手続きがある（46ページ参照）。

破産手続開始申立書 →（提出）→ 地方裁判所 →（申立から約１か月後）→ 審尋

- 提出先は債務者の住所地を管轄する地方裁判所。
- 債務者が破産手続開始申立をした場合には、申立と同時に免責許可の申立をしたものとみなされる。
- 破産手続開始申立で提出する書類
①破産手続開始申立書、②陳述書、③債権者一覧表、④財産目録、⑤住民票の写し（戸籍の記載のあるもの）など。
- 破産手続開始申立の費用
①収入印紙代１５００円（免責許可を手数料５００円含む）、②予納郵券、③予納金が必要。①②で2～3万円程度（同時廃止事件）。
- 裁判所からの呼出し
- 破産申立の内容について、裁判官から口頭で質問を受ける。支払不能の状態にあるかどうかを判断。

⑤破産手続開始申立をする裁判所について知りたいとき⇩70ページ
⑥破産手続開始申立の費用について知りたいとき⇩72ページ
⑦破産手続開始申立の書類について知りたいとき⇩74ページ
⑧破産手続開始申立の添付書類について知りたいとき⇩74ページ
⑨破産手続開始申立の書類の書き方について知りたいとき⇩76～97ページ
⑩債権者への破産手続開始申立の通知について知りたいとき⇩98ページ
⑪破産手続開始申立後の審尋について知りたいとき⇩102ページ
⑫破産手続開始決定について知りたいとき⇩52・104ページ

# 3 破産手続開始決定／同時廃止の決定

同時廃止

同時廃止でない場合 → 破産管財人の選任 → 債権者集会※ → 処分・換金

- 破産申立人にこれといっためぼしい財産がない場合は、破産手続開始の決定と同時に破産手続きの廃止（同時廃止）の決定がなされる。
- 破産申立人は破産者となる。
- 裁判所から各債務者に通知される。
- 破産者に一定の財産がある場合は、破産管財人が選任される。破産者の財産は破産財団と呼ばれ、処分・換金されて、債権額に応じて債権者に平等に分配され、破産終結決定で破産手続きは終了する。
- 破産者になると、資格の取得ができないなどの一定の制限を受ける。ただし、戸籍に記載されたり、選挙権が停止されたりすることはない。

⑬同時廃止について知りたいとき⇩48・100・102ページ
⑭同時廃止で自分の財産がどうなるかについて知りたいとき⇩48ページ
⑮破産者が受ける不利益について知りたいとき⇩54ページ
⑯財産がある場合の破産について知りたいとき⇩50ページ
⑰破産管財人について知りたとき⇩50ページ
⑱破産手続開始決定・確定について知りたいとき⇩104・106ページ
⑲破産者手続開始の公告について知りたいとき⇩52・61ページ

配当

※債権者集会は新破産法により、任意化され、書面等投票制度、債権者委員会制度が導入された。

**官報への破産手続開始決定の公告**

● 破産者は官報に公告される。
● 2週間以内に高等裁判所への抗告がないと、破産手続開始が確定する。

2週間後

**破産手続開始決定の確定**

● 債権者が破産手続開始の申立をした場合は、裁判所の破産手続開始から破産手続開始決定の確定後一か月以内に免責許可の申立をする。

1か月以内

⑳免責許可申立について知りたいとき⇩60・109・114ページ
㉑免責許可の概略について知りたいとき⇩60ページ
㉒免責の非免責債権について知りたいとき⇩113ページ

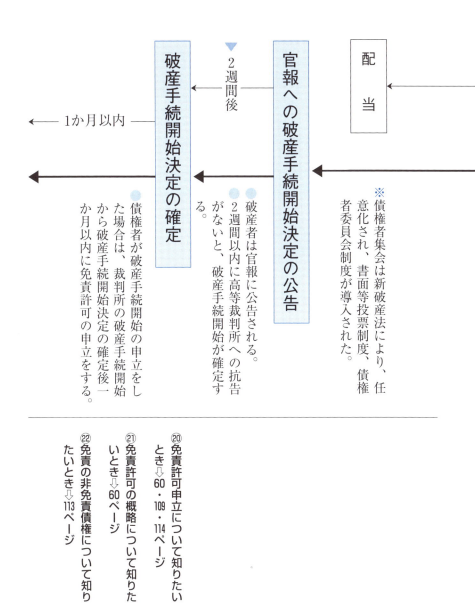

# 4 免責許可の申立

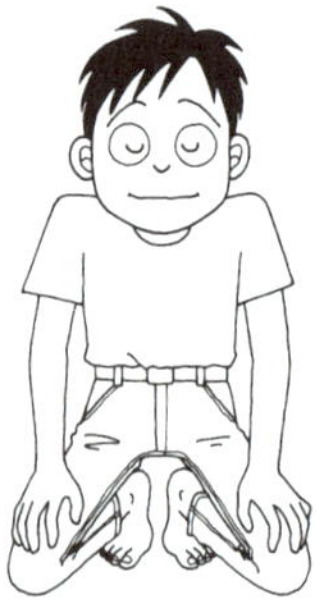

免責許可の申立書

提出→

地方裁判所

審尋

- 債務者が破産手続開始の申立をした場合は、免責許可の申立は不要（破産手続開始申立時に免責許可の申立もしたものとみなされる）。
- 破産債権者は免責についての意見陳述ができる。
- 審尋期日の通知があり、その際、陳述書の提出を求められることがある。

※新破産法では、審尋についての規定は削除されたが、従前どおり現在も行われているようである。

- 裁判所から呼出しがあり、免責申立の内容について、裁判官から質問をうける。

---


㉓免責許可の申立の書類について知りたいとき⇩118ページ

㉔免責許可の申立書や添付書類の書き方について知りたいとき⇩118ページ

㉕免責許可の申立の方法について知りたいとき⇩114ページ

㉖免責許可の申立の費用について知りたいとき⇩114ページ

㉗免責許可の審尋について知りたいとき⇩115ページ

㉘免責許可の決定・確定について知りたいとき⇩120・124ページ

㉙免責に関する公告について知りたいとき⇩116ページ

㉚免責不許可について知りたいとき⇩110・122ページ

㉛復権について知りたいとき⇩124ページ

破産手続開始決定から事案にもよるが2～3か月程度かかるケースが多い。

## 5 免責許可の決定

破産者・債権者等への通知

抗告なし

### 免責の確定

・一部の債務を除き支払義務がなくなる。
・公私の資格制限など破産者の不利益から解放される。

免責許可の決定に対する抗告がなければ、免責は確定する。

## 免責不許可

高裁に即時抗告

〔自己破産のポイント〕※1・借用書などの書類をそろえ、面倒がらずに整理し、借金を把握する。
※2・裁判所への提出書類で、特に債権者一覧表などは、記載漏れがないように注意する。
※3・裁判所からの呼出し、免責許可申立期間などの期日には、十分注意する。
※4・本人で自己破産手続開始を申し立てる場合には、弁護士会などの相談所を利用するとよい。

### 自己破産の申立て件数

| 年 | 自然人の破産 |
|---|---|
| 平成16年 | 21万1402件 |
| 平成17年 | 18万4422件 |
| 平成18年 | 16万6339件 |
| 平成19年 | 14万0248件 |
| 平成20年 | 12万9882件 |
| 平成21年 | 12万6533件 |
| 平成22年 | 12万1150件 |
| 平成23年 | 10万0735件 |
| 平成24年 | 8万2901件 |
| 平成25年 | 7万2287件 |
| 平成26年 | 6万6393件 |
| 平成27年 | 6万4081件 |
| 平成28年 | 6万4872件 |
| 平成29年 | 6万8792件 |
| 平成30年 | 7万3099件 |
| 令和元年 | 7万3095件 |
| 令和2年 | 7万1679件 |
| 令和3年 | 6万8240件 |
| 令和4年 | 6万4833件 |
| 令和5年 | 7万0589件 |

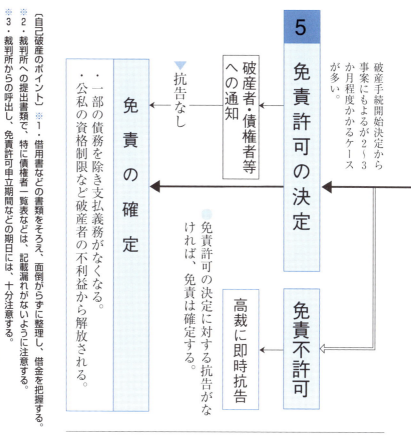

# 1 自己破産と手続きの要点

## ■自己破産手続きも簡単じゃない

自己破産をすると決心しても、まず、どうすればよいのか皆目見当がつかないというのがほとんどの人でしょう。そんな人は、まず、弁護士等の専門家に相談してみることです。弁護士に相談するには高額のお金がかかると心配する人もいるかもしれませんが、市区町村役場などの無料相談所を利用するのも手です。また、各弁護士会には法律相談センターがあり、借金問題に関しては原則として無料で法律相談に応じています。

破産申立書などの書き方、手続きがわからない場合は、通常、裁判所の窓口で教えてくれます。

## ■弁護士に頼むかどうか

自己破産の手続きは本人でするのもよいでしょう。とくに、同時廃止の場合は本人でもできると思います。ただし、弁護士に頼めば、時間もとられませんし、手続きも素人がやるより迅速・確実に進めてくれます。また、相談相手ともなってくれます。弁護士に頼む費用は、破産申立から免責まで四〇万円（実費除く）程度の費用が必要です。

なお、東京地方裁判所では、弁護士が受任した場合に限り、原則として申立当日に担当裁判官が弁護士（本人の出頭は不要）と面接し、破産手続開始・同時廃止決定がなされます。横浜地方裁判所にも早期面接という似た制度があります。

## 自分で手続きをすると決心したら

これといった財産がない同時廃止の場合、破産の申立から免責許可の確定まで、通常、三～六カ月程度かかります。財産があり破産管理人が選任されるケースでは、破産手続きが終了（免責許可の決定）するまでは半年～一年ぐらいはかかるようです。いずれにしろ、免責までには日時を要します。この間、債権者がどう出てくるか、裁判所に提出する資料はどう集めるかなど、苦労することも多々あります。本人で破産の申立てをする場合、一つ一つ丹念に、スケジュールを立てて実行するしかありません。

債務者が自己破産をすれば、債権者にしてみれば多大の損害を被ります。自己破産制度の趣旨は、経済的に立ち直りが不可能な人に、債務を免責することにより立ち直りの機会を与えるというもので、自己破産は最後の手段としてお考えください。

### ★主な差押え禁止財産

差押え禁止動産（民事執行法一三一条）
○債務者等の生活に欠くことのできない衣服、寝具、家具、台所用品、畳および建具（カラーテレビ、エアコン、テーブル、冷蔵庫、タンス等も含まれるとする判例あり）
○生活に必要な一か月間の食料および燃料
○標準な世帯の二か月間の必要生計費を勘案して政令で定める額（現在六六万円）など

差押え禁止債権（民事執行法一五二条）
○給料、賃金、俸給、退職年金および賞与―四分の三が差押え禁止。ただし、四分の三が政令で定める金額（現在三三万円）以上の場合、政令で定める金額まで。

その他　恩給を受ける権利、年金給付を受ける権利、失業給付を受ける権利・など

**自由財産（破産者が自ら管理処分できる財産）の範囲（破産法三四条三項）**

破産者の経済再生のため、自由財産の範囲を標準的な世帯の必要生計費の三か月分（九九万円）が認められる。また、裁判所による自由財産の範囲の拡張も可能。

破産手続き入門❶

# 1 自己破産するには支払不能の状態にあることが必要

## 支払不能の状態にあるとは…

自己破産の申立をするには、「破産原因」が存在することが必要です。破産法に破産原因は定められていますが、個人の破産原因は支払不能だけです（破産法一五条）。したがって自己破産の申立をして、申立人が支払不能の状態にあると裁判所が認定したときに、破産手続開始決定がなされることになります。

支払不能とは、「債務者が弁済能力の欠乏のために即時に弁済すべき債務を一般的かつ継続的に弁済することができない客観的状態」をいうとされています。

ここで注意してほしいのは、債務者に財産がなくても債務者の信用や労力によって金銭の調達ができれば弁済能力の欠乏とはいえませんし、反対に財産があっても換価することが困難なために金銭を調達できなければ弁済能力が欠乏しているといえます。

ですから、仮に急な出費によって、今月たまたま借金が二〇万円あるため支払えなくなったというような場合は弁済能力の欠乏とはいえません。しかし、債務者の信用による金銭の調達といっても消費者金融・クレジット業者などから高利の融資をうけて金銭を調達できることは弁済能力があることにはなりません。

## 支払不能かどうかを判断するのに一般的な基準はない

支払不能かどうかは、債務者の財産・職業・給料・信用・労力・技能・年齢・性別などを総合的に判断して個別的にケース・バイ・ケースで認定されます。一般的には債務者の支払能力を考えて三年間ぐらいで分割弁済できないような債務総額が目安とされているようです。具体的には、手取りの収入から住居費を差し引いた金額の三分の一で分割返済（通常三年）できれば任意整理あるいは特定調停、できなければ自己破産といわれています。資産もなく手取り年収四〇〇万円のサラリーマンの場合、ケースにもよりますが、消費者金融などから四〇〇〜五〇〇万円程度以上の総債務があれば自己破産を選択するのがよいでしょう。ただし、破産により資格制限を受ける人や住宅を手放したくない等の場合、他の債務整理の手続きを利用する方法もあります。

しかし、負債総額がこれより少額だからといっても必ずしも支払不能が認定されないわけではありません。基本的な生活費を差し引いた収入で返済ができず、資産が二〇万円以下の状態であれば支払不能が認められるでしょう。たとえば、債務者が生活保護などを受けることができる収入しかなかったり、無職で資力の乏しい人であれば、借金が二〇〇万円程度の低額でも、破産手続開始決定がなされます。一〇〇万円の負債で破産手続開始決定がなされたケースもあります。

自分がいくら借金しているか、月々支払うべき金額をまず把握してください。なお、貸金業法では、貸金業者からの借入れは、原則、年収の三分の一までに規制されています（総量規制）。

**ポイント**　支払不能の認定は資産・収入などの状況によりケース・バイ・ケースで認定。

# 2 自己破産の手続きは破産手続開始の申立ではじまる

## 破産手続開始の申立から破産手続開始・同時廃止決定までの手続き

破産手続きは、まず、債務者は「破産手続開始の申立書」を債務者（申立人）の住所地を管轄する地方裁判所に書面で提出します。住民票があるところではなく、債務者が現に住んでいるところであることに注意してください。債務者からの「申立」があると裁判所は、その申立が法律で定める条件をみたしているか、破産をするべき原因があるかどうかなどを審理します。

その審理の方法としては、通常、申立人が提出した書面（申立書や陳述書など）や書類を審理する書面審理と、破産手続開始の申立の内容について裁判官が破産申立人に直接口頭で質問をする「審尋」があります。裁判官に尋ねられるといっても、破産するに至った事情などで、破産手続開始の申立書に書いたようなことですので、さほど心配することはありません。

審尋の結果、債務者に支払不能などの破産要件が備わっていれば、審尋の日からあまり間隔をおかずに破産手続開始の決定がなされます。破産審尋から一週間～一か月後ぐらいです。

なお、東京地方裁判所の場合、弁護士が受任し申立をすると申立日に弁護士と裁判官の面接があり、その日に破産手続開始・同時廃止決定がなされる即日面接手続きが実施されています。横浜地方裁判所にも類似の制度があります。

## 破産手続開始決定から免責までの手続き

審尋の後、申立人が支払不能の状態にあると裁判官が判断すれば、破産手続開始・同時廃止（財産がない場合）決定がなされます。破産手続開始決定の際には運転免許証や健康保険証などの身分証明書と認印をもって破産手続開始の決定書を受け取りに行く必要があります。また、破産手続開始決定が官報に公告されます。しかし、破産開始決定があってもそれだけでは借金は棒引きにはなりません。借金を棒引きにするためには、さらに「免責の許可」を得なければなりません。

免責とは、破産手続上の配当によっても弁済できない破産者の債務について、裁判によってその責任を免除することです。なお、自己破産の場合、通常、「免責許可の申立」は、「破産手続開始の申立」と同時に免責許可の申立がなされますので、あらためてする必要はありません。

破産手続開始確定後に、免責についての事情を裁判官が尋ねるために、通常、「免責審尋」が開かれます。この場合には、裁判所に出頭することになります。さらに免責審尋から一週間〜一〇日後ぐらいに、免責許可の決定または不許可決定がなされます。

免責許可決定が確定すれば、破産者は債務から解放され、借金は帳消しとなります。また、破産者の受ける不利益からも解放されます。しかし、免責不許可決定がなされれば破産者の債務はなくなりませんし、破産者の受ける不利益も残ることになります（六四ページ参照）。

現在、個人破産申立事件のほとんどが、免責許可の決定がなされているようです。

**ポイント**　自己破産手続きは「申立」⇩「審尋」⇩「破産手続開始決定」⇩「免責」と進む。

破産手続き入門③

# 3 財産がない人は同時廃止の手続きをとる

## 同時廃止という言葉を知っておこう

同時廃止とは、債務者が不動産その他めぼしい財産を所有していない（破産手続費用をまかなうに足りない）場合に破産手続開始決定と同時になされる裁判所の決定のことをいいます。財産のある破産手続きでは、破産手続開始の決定と同時に破産管財人を選任し、破産者の財産を換価し、分配する配当手続きをします。しかし、債務者の財産が少なくて破産手続きの費用すら出ず（生活費等控除〈現金九九万円および差押え禁示財産〉後二〇万円程度が目安）、債権者に配当ができないことが破産手続開始の申立の時にわかっている場合、これ以上破産手続きを進めても意味がないので、以降の破産手続きを省略して破産手続開始決定と同時に破産手続きを終結する決定をします。これが、同時廃止で、同時廃止にしてもらいたい場合は、破産手続開始の申立書に同時廃止したい旨を記載（裁判所の書式にはすでに印刷したものがある）し提出します（七八ページ参照）。

同時廃止の場合には、破産管財人は選ばれず、破産者の財産が換価されることもなく破産手続きは即時に終了します。なお、同時廃止の場合でも、債務者が破産者になったことに変わりはないので、官報に公告され、公私の資格制限の効果（五五ページ）も生じます。しかし、同時廃止では、所有している財産の管理処分権は喪失せず、新たに取得した財産は自由に処分できます。家財道具も債務者所有のまま自由に使用でき、居住の制限、通信の秘密の制限などの自由の拘束もありません。このように、同時廃止は債務者にこれといった財産がなく、破産手続費用すら出ない場合にする手続きです。

## 破産手続開始決定後に免責の手続きがある

免責許可を得るには、破産手続開始・同時廃止の確定後、免責手続きがあり、免責の審尋をへて免責許可の決定に至ります。

この免責許可の決定がえられるまでの期間は、破産手続開始・同時廃止決定から約三～六か月（東京地裁などが行っている即日面接手続きでは一～二か月）はかかります。

なお、旧法では、「免責申立て」が別途必要であったために「免責許可の申立」を忘れて免責がえられない悲劇もありましたが、平成一七年施行の新法では、債務者が破産手続開始の申立をすると免責許可の申立もしたとみなされます。免責許可の決定が得られなければ借金はなくなりませんので、注意してください。

**ポイント**　自己破産の多くは同時廃止によっている。

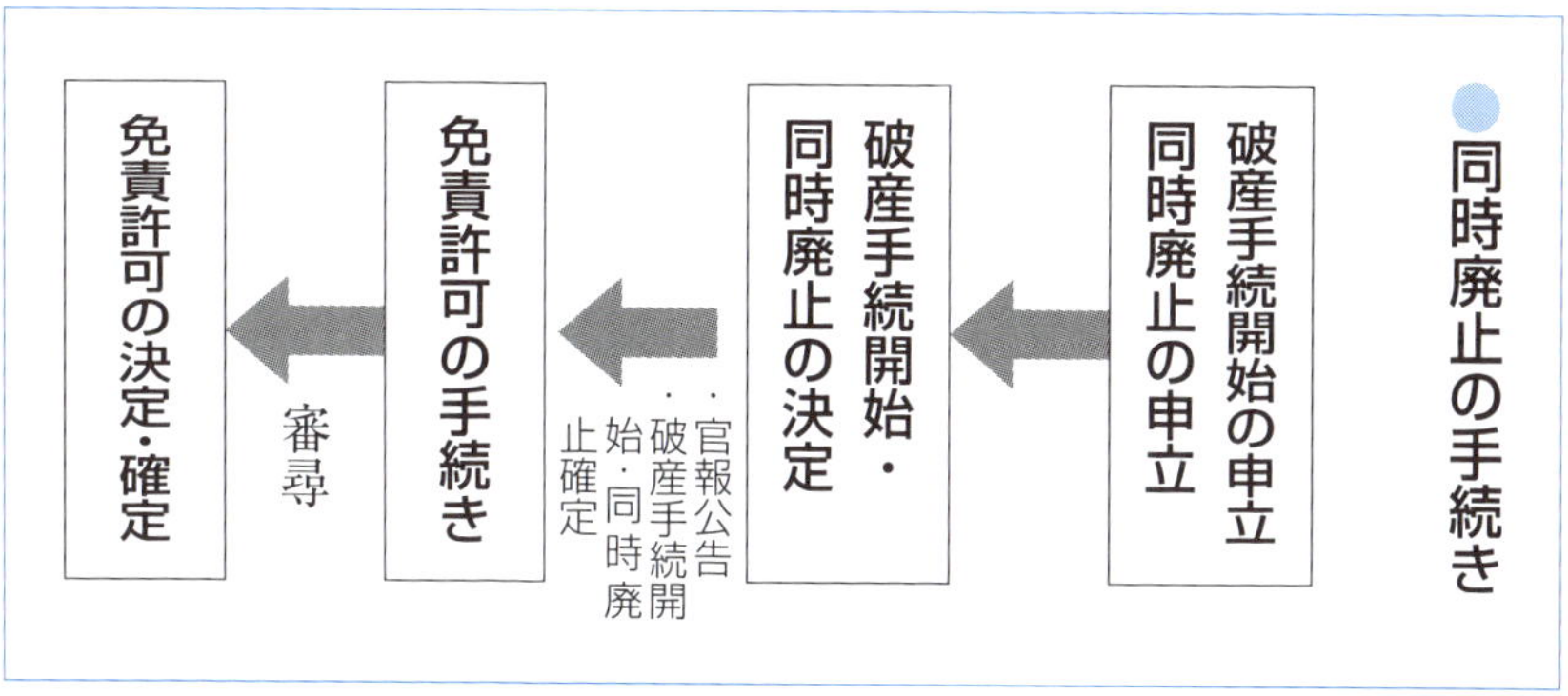

# 4 財産(不動産など)がある人の自己破産

## 財産がある場合には管財人がつく

破産債務者に「破産手続き費用を支出するに足りる一定の財産があるとき」には、破産手続開始の決定と同時に破産管財人が裁判所により選任されます。つまり、同時廃止でないときには破産管財人が選任され、管財事件として破産手続きが開始されます。「破産手続き費用を支出するに足りる一定の財産」とは、生活費等控除後(差押え禁止財産は、現金九九万円および生活必需品等)二〇万円程度が目安のようです。また、申立には、予納金が必要です(七二ページ参照)。

破産手続開始の時点からの破産者の財産は「破産財団」と呼ばれ、破産者はそれを勝手に処分できなくなります。したがって、破産者の退職金の一部や主な家財道具も一応破産財団に属します。家などを持っている場合は、たとえ住宅ローンが残っていても財産として扱われます。

破産管財人は裁判所の監督のもと、この破産財団を管理し、財産を売却・現金化して(換価)すべての債権者に対して、債権額に比例した割合で公平に分配します(配当)。ですから、債権者は破産手続き以外で個別の債権を行使することはできず、破産手続開始後に家財道具を差し押さえたり、破産手続開始前になされた差押えはその効力を失います。ただし、破産管財人が調査をしても配当すべき物がなかった場合には、破産手続きは途中で終わります(異時廃止)。

なお、東京地方裁判所などでは少額管財手続きがあります（一〇七ページ参照）。

## 財産がある場合の破産手続きは時間がかかる

同時廃止でない場合の破産手続きは、破産手続開始申立から破産手続きが終結するまでに半年～一年程度はかかるのが通常です。破産財団に換価が困難な不動産などがある場合、処分に一年以上かかる例があります。破産管財人にもよりますが、一般には家の売却（競売）がすむまでは自宅に住みつづけることもできます。

債務者は、破産手続開始の申立をした日から破産手続開始決定が確定した日以後一か月を経過する日までの間に免責許可の申立をします。ただし、債務者自身による破産手続開始の申立では、申立と同時に「免責許可の申立」があったものとみなされますので、特別な場合を除きこの手続きは不要です。

**ポイント**　財産があれば破産管財人が選任される。

**手放さなくてよい財産（自由財産）の例（東京地方裁判所）**

①九九万円までの現金
②残高が二〇万円以下の預貯金
③見込額が二〇万円以下の生命保険解約返戻金
④処分見込み価格が二〇万円以下の自動車
⑤居住用家屋の敷金債権
⑥電話加入権
⑦支払見込額が一六〇万円相当額以下の退職金債権
　一六〇万円超は退職金債権の八分の七
⑧家財道具
⑨差押えが禁止されている動産または債権
⑩破産管財人が換価しないと認めた財産
※この取り扱いは地方裁判所によって多少異なる。また、破産者の生活状況、財産の種類や額、破産者が収入を得る見込み、その他の事情を考慮して自由財産の範囲を拡張する場合がある。

# 5 破産手続開始の決定がでたとき、でなかったとき

## 破産手続開始の決定がなされると申立人は破産者になる

「破産手続開始の決定」がでると、消費者金融などの債権者からの取立は停止し、今ある財産の限度で、破産者の債務を清算するといった破産手続きが開始します。一方、破産申立人は破産者となり公私の資格制限などの不利益をうけることになります。なお、破産手続開始の決定がなされた時点で、借金が免責されることはありませんので、借金をなくすためには免責許可の手続き（免責審尋など）をへなければなりません。

破産手続開始決定は次ページのように官報に公告されます。官報に載るということは、手続きを公にして、一般の人に知らせるためです。しかし、利害関係のない一般の人が官報を見ることはよほどのことがない限りまずありません。この官報公告後、二週間を経過するとこの決定は確定します。

破産者になったことは、裁判所から破産者の勤務先に通知されることはありません。したがって、破産者が自ら会社に言わない限り、破産者になったことが会社にわかることもありません。万一、破産者となったことが会社にわかったとしても、会社は破産者となったことを理由に、その破産者を解雇することはできないのです。

▼破産手続開始決定の官報公告

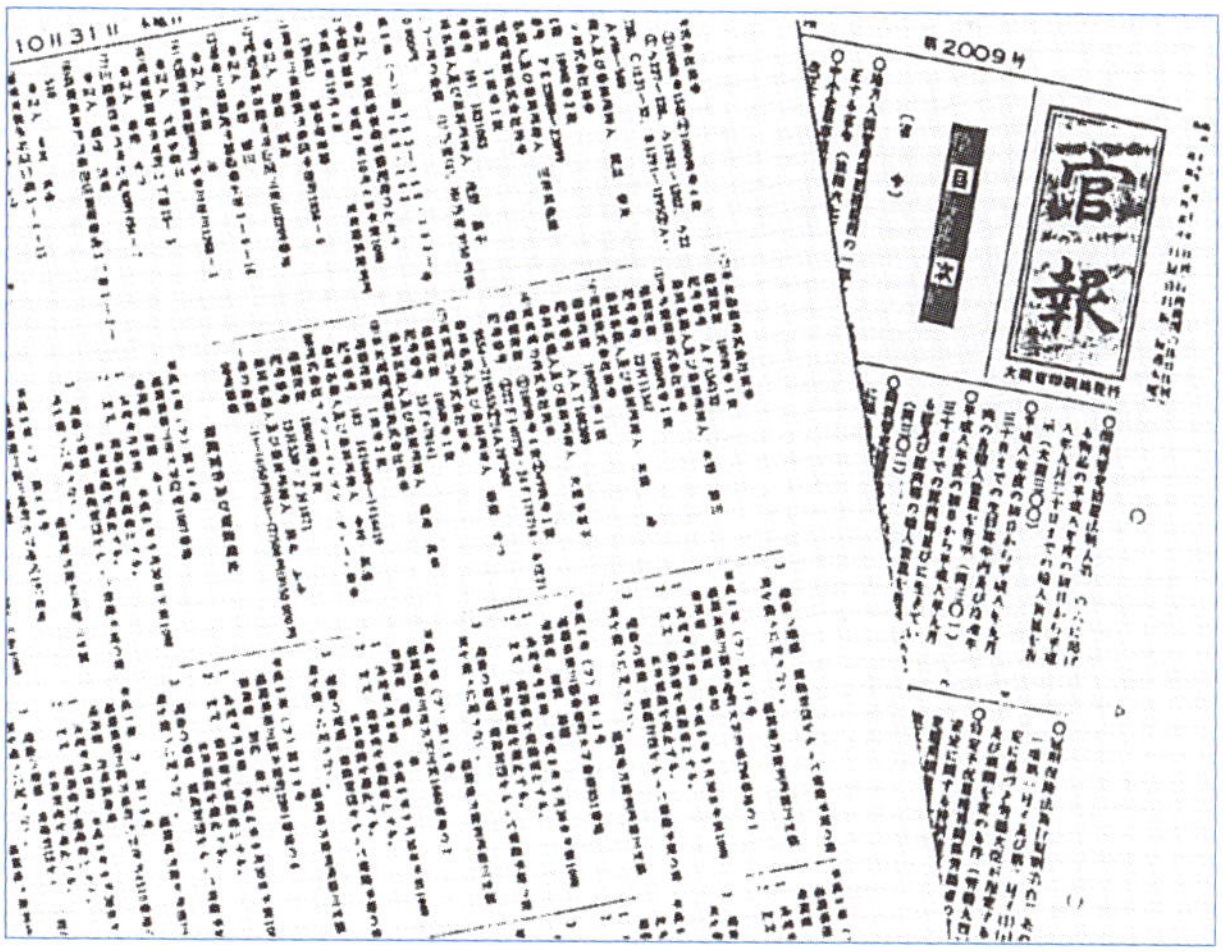


## 破産手続開始の決定がでないこともある

裁判所の審理の結果、破産申立人が支払不能の状態にないと判断されれば、破産手続開始の申立は棄却されます。破産手続開始の決定がでなければ免責はおろか、その前提としての破産が認められないわけですから、債務者は、法律による破産者としての制限を受けることもありません。

しかし、破産手続開始が認められないということは、破産原因がない、つまり、債務者の収入・資産状況と負債額を比較検討した結果、支払不能の状態にはないということです。このことを裏返せば、まだ支払能力があるということです。

このような破産原因がないとされるケースでは、債務者の負債を返済できる収入や一定の資産があるはずですから、任意整理などによる債務処理が可能なケースだと思われます。専門家に依頼して任意整理や民事再生などの他の方法を検討してください。

**ポイント** 破産手続開始決定をえないと免責手続きに進めない。

破産者の不利益❶

# 6 破産者になるとこんな不利益(制約)がある

## 破産したら受ける不利益もある

破産者になるとまともな生活が送れなくなると思っている人が多いようですが、破産による不利益は一般的に考えているほど大きいものではありません。それも免責の許可が確定するまでの期間だけです。破産者の受ける不利益は以下のようなものです。

①財産の管理処分権の喪失

②破産者の受ける拘束（自由の制限・i～iv）

i説明義務――破産者は、破産管財人や債権者集会の請求により破産に関して必要な説明をしなければなりません。

ii居住の制限――破産者は裁判所の許可がなければ、居住地を離れて転住または長期の旅行をすることはできません。

iii引致・監守――破産者は、裁判所が必要と認める場合には身体を拘束されることがあり、逃走または財産を隠したり壊したりするおそれがあるときは監守を命じられることがあります。

iv通信の秘密の制限――破産者にあてた郵便物などは破産管財人に配達され、破産管財人は受け取った郵便物などを開披できます。

※同時廃止決定の場合には、以上の①、②の自由の制限はありません。

**③公法上の資格制限**――破産者は弁護士、公認会計士、公証人、司法書士、税理士、弁理士、宅地建物取引業者などになれません。選挙権、被選挙権などの公民権は喪失しません。なお、「破産者の就けない仕事」については次項を参照してください。

**④私法上の資格制限**――破産者は、後見人、後見監督人、保佐人、遺言執行者などになることができません。なお、合名会社および合資会社の社員は退社事由となり、株式会社の取締役、監査役は退任事由でしたが、会社法の改正でこの制度はなくなりました。

**⑤官報に掲載**――官報に破産者として掲載されますが、これを細かく読んでいる人は極めて少なく、破産者の名前が書かれていることすら知らない人が圧倒的に多いので、破産したことが回りの人に知られることは、それほど心配する必要はないでしょう。

**同時廃止の場合は前記の全部が適用になるのではない**

同時廃止決定がなされた場合、前記①、②についての制約はありません。ただし、③④の公法上の資格制限、私法上の資格制限はあります。⑤の官報にも掲載されます。

また、この公法上の資格制限、私法上の資格制限も免責の確定で復権することによりなくなります。

**ポイント**　破産者のうける不利益は一般的に考えられているほど大きいものではない。

破産者の不利益❷

# 7 破産者になると就けない仕事もある

## 会社をクビになることはない

自己破産を申し立てようと思っている人の中には、会社をクビになることはなくても、自分が破産したことが会社や同僚に知れ渡ることによって会社にいづらくなり、結局は会社を辞めなければならなくなるのではないかと心配している人がいます。

破産をすること自体は懲戒解雇事由にはあたりませんので、一般のサラリーマン（公務員含む）は破産することによってクビになることはありません。また、裁判所から会社に破産したことの通知が行くことはありませんので、破産者が自ら会社に言わない限り、同僚などに知られることはまずありません。

ただ、銀行などから借金をしている場合には給料振込の関係などで会社に照会がいくことはあります。また、官報に破産者は公告されますので仕事柄丹念に見ている人がいれば気付く人がいるかもしれませんが、そんなに気にすることはありません。

## 破産者だと就けない仕事もある

破産者になると、一定の仕事をすることはできませんし、さらに破産者は、代理人や後見人になれません。なお、株式会社の取締役や監査役にもなれませんでしたが、新会社法では資格制限は設けていません。この不利益も免責許可の決定をえることによって解消されます。

このように破産することによって就けない仕事などがありますが、一般の人が自己破産する場合には、あまり大きな問題にはならないようです。

**ポイント**　破産者の就けない仕事はあるが、免責許可の決定をえることで解消される。

## ●破産者の就けない仕事

▼公法上の資格制限（各法令で規定）

弁護士、公認会計士、税理士、弁理士、公証人、司法書士、行政書士、人事院の人事官、国家公安委員会委員、都道府県公安委員会委員、検察審査員、公正取引委員会委員、不動産鑑定士、土地家屋調査士、宅地建物取引士、商品取引所会員、証券会社外務員、有価証券投資顧問業者、質屋、古物商、生命保険募集員および損害保険代理店、警備業者および警備員、建設業者および建設工事紛争審査委員会委員、風俗営業者および風俗営業所の管理者など。

〈適用外〉薬剤師、医師、看護婦、建築士、宗教法人の役員、特殊な職を除く一般的な国家公務員や地方公務員、学校教員など。

▼私法上の資格制限

代理人、後見人、後見監督人、保佐人、遺言執行者など（以上民法上の制限）。

なお、株式会社の取締役や監査役は委任契約が終了（民法六五三条）し、取締役等の地位を失いますが、株主総会で再び選任されれば取締役等になれますし、起業して取締役等に就任できます。

破産者の不利益③

# 8 自己破産しても生活上のデメリットはほとんどない

## 戸籍に傷がつくとか、選挙権、被選挙権が奪われることはない

破産者が破産手続開始の後に得た収入、財産は原則として破産者がすべて自由に使えます。したがって、一生みじめな生活を送らなければならないということはありません。

また、破産者となっても戸籍や住民票に記載されることはありませんから、子供の就職や結婚等に支障があるのではないかといった心配は無用です。さらに、選挙権、被選挙権などの公民権が停止されることはありません。

ただ、破産者になると破産者の本籍地の市区町村役場の「破産者名簿」に記載されることになりますが、この「破産者名簿」は第三者が勝手に閲覧できるものではありませんから安心してください。また、免責が確定することにより復権すれば、この「破産者名簿」から抹消されます。

また、破産者になると海外旅行ができなくなるのではないかと心配している人もいますが、同時廃止の場合には、裁判所への出頭日を除けばそういうこともありません。ただし、一定の財産があって破産管財人が選任されて破産手続きが行われるケースでは、破産手続き中、長期間の旅行をする場合は、裁判所の許可が必要となります。なお、破産管財人が選任されるケースでも破産手続きが終結した後は、自由に海外旅行もできます。

## 免責許可の決定をえると復権する

自己破産手続開始の申立をして最終的に免責許可の決定が確定すれば、免責許可の申立の際に債権者一覧表（九一ページ参照）に書いた借金の支払義務はなくなり、一切の公私の資格制限もなくなることになります。

支払義務がないということは法律上の強制力がないということで、何らの強制もなく自分の意思で返すことは一向にさしつかえありません。法律上これを自然債務といいます。

免責許可の決定を受けた後に残る不利益としては、消費者信用取引の制限があります。これは、破産者となったことが個人情報機関に事故情報（いわゆるブラックリスト）として登録されることになるからです。なお、自分の信用情報について知りたいときは、信用情報機関に対して開示請求ができます（二〇八ページ参照）。

登録期間は、信用情報機関によって違いがありますが、大体五～七年です。したがって、この期間は、銀行や消費者金融から融資を受けたり、クレジット会社からクレジットカードの発行を受けることが困難になります。

また、一度破産して免責許可の決定を受けると、免責許可の決定の確定後七年間は原則として免責許可の決定が受けられません。少なくとも七年間は、自分の生活をきちんと管理し、再び多額の借金をかかえないように十分に注意する必要があるのです。

**ポイント**　破産者となった後は、銀行や消費者金融から融資を受けることは困難になる。

破産手続きと免責❶

# 9 免責許可の手続きの流れを知っておこう

## 免責の手続きは免責許可の申立ではじまる

免責の手続きの流れは、おおまかに言うと、免責許可の申立から裁判所の破産管財人・破産債権者の意見申述、裁判所・破産管財人による調査、免責審尋をへて免責許可の決定へと進みます。まず、免責許可の申立ですが、これは債務者が自己破産する場合は、破産手続開始の申立と同時に「免責許可の申立」をしたものとみなされますので、新たに「免責許可の申立」をする必要はありません。

破産手続開始の申立の際に、免責許可の申立をしない旨の意思表示をした場合、あるいは債権者による破産申立の場合には、破産手続開始の申立があった日から破産手続開始の決定が確定（官報公告後二週間）した日以後一か月経過するまでの間に、免責許可の申立をしなければなりません。

免責許可の申立の際に必要な費用は、破産手続開始の申立をした時点において免責許可の申立もしたものとみなされる自己破産の場合は免責手続費用も含めて納付（一五〇〇円）していますので、新たに納付する必要はありません。そうでない債権者申立ての場合の費用は、①収入印紙（五〇〇円）、②予納金、③予納郵券（郵便切手）ですが、②③は裁判所によって違いがあります。東京地裁では、同時廃止の場合には、新たに予納金、予納郵券は納める必要はありません。取扱いは各地方裁判所によって異なりますので、裁判所の窓口で確認してください。

免責許可の手続きでは、裁判所は破産者を免責するかどうか本人を審尋し、公告をして破産債権者の意見の申述の機会も設けられます。そして、裁判所は審理の結果、破産者に免責不許可事由（六四ページ参照）がなければ免責許可の決定をします。なお、免責不許可事由がある場合でも、裁判官の裁量により免責許可の決定がなされることがあります（一一二ページ参照）。

**ポイント**　免責許可の申立は、破産手続開始の申立と同時にしたものとみなされる。

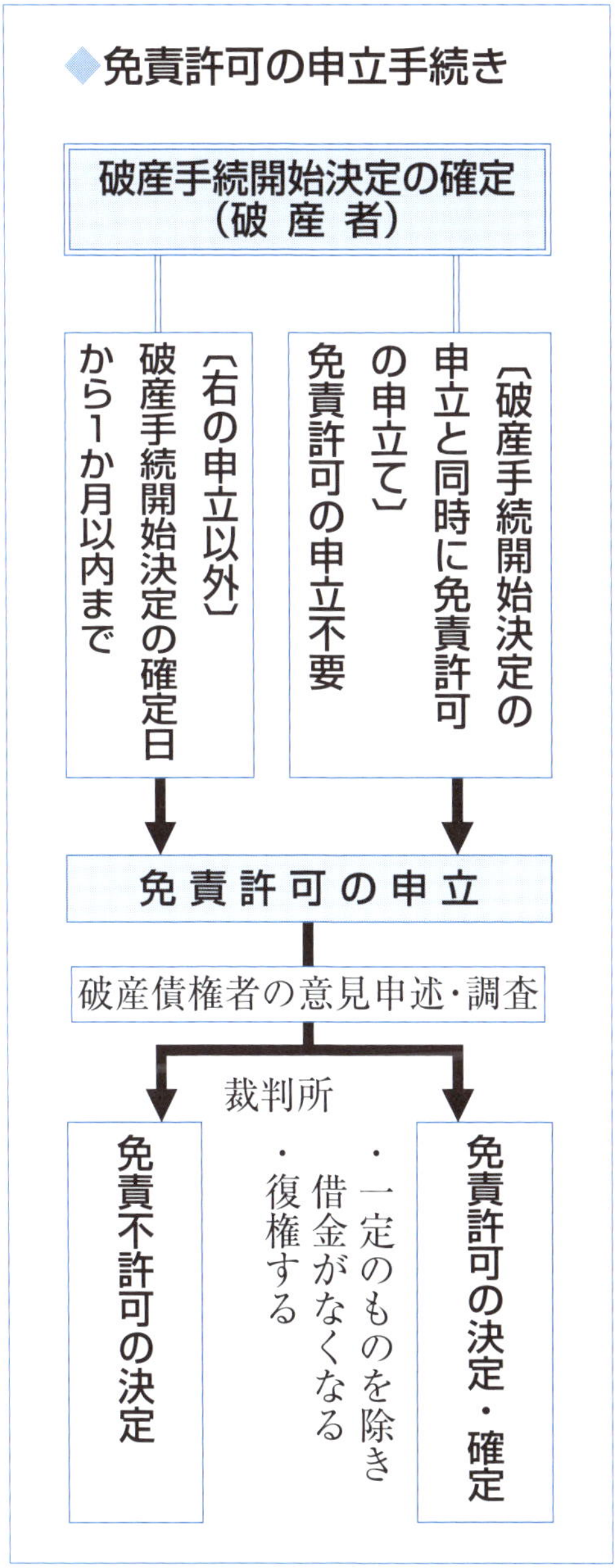

破産手続きと免責❷

# 10 免責許可の決定が確定すると借金はなくなる

## 免責許可の決定がえられ確定すると借金はなくなり復権する

免責不許可事由がなければ、免責許可の決定がなされます。

免責許可が決定した場合には、裁判所より直ちに破産者および債権者等に通知がなされます。異議がなければ免責は確定し、免責の効力が生じます。すなわち、税金など一部の債務の支払を除いて支払責任が免除されるとともに「復権」の効果が生じます。「復権」とは、破産者となったことで生じた不利益をなくして、破産前と同じ状態にもどることをいいます。しかし、債権者などから免責許可について不服申立（即時抗告）がなされると、高等裁判所で争うことになります。

なお、破産者で免責許可の必要な者が申立をしなかったり、免責不許可になった場合にも、弁済などにより債務のすべてを免れたときには、破産者自身が裁判所に対して復権をしてくれと申し出ることもできます。この場合は、裁判所の判断によって復権することになります。

一方、破産者に免責不許可事由がある場合には免責が不許可になります。免責不許可の決定に不服の場合には、高等裁判所に免責不許可の決定を不服として抗告の申立ができます。

## 責任を免れない請求権もある

次に掲げる債権については免責の許可を得ても責任を免れることはできません。

①租税等の請求権、罰金等の請求権

②破産者が悪意で加えた不法行為に基づく損害賠償請求権

③破産者が故意または重大な過失により加えた人の生命または身体を害する不法行為に基づく損害賠償請求権

④㋑夫婦間の協力および扶助の義務、㋺婚姻から生じる費用分担義務、㋩子の監護義務、㋥扶養義務、㋭前記義務に類する契約に基づく義務、以上に係る請求権

⑤雇用関係に基づいて生じた使用人の請求権および使用人の預り金の返還請求権

⑥破産者が知りながら債権者名簿に記載しなかった請求権

**ポイント**　免責されれば借金はなくなる。

## 免責についての判例

①遊興の借金でも免責された例

バー・キャバレーの女遊び、ギャンブルの射倖行為が過怠破産罪にいうところの浪費または射倖行為に該当するとしても、「過大なる」債務にあたらないとして、免責を許可した（神戸地裁・明石支部決定・昭和五八年六月一五日）。

②割合的一部免責が認められた例

破産者の不許可事由の内容およびその程度、破産者の現在の健康状態を考慮して、破産宣告時における元本の一割相当額につき免責を認めず、残りの部分については免責を認めた。また、一年間履行を猶予し、その間の遅延損害金は免責した（東京地裁決定・平成六年二月一〇日）。

破産手続きと免責❸

# 11 免責許可が決定されない場合もある

## 免責不許可事由はいろいろある

破産法の免責制度は、やむをえない事情で多重債務を負って苦しんでいる人を債権者の犠牲の上で救済するためのものですから、救済する必要がない人について自己破産手続きを進めたり、免責することは認められません。

そこで破産法は、免責が許されない場合（不許可）と免責の取消しについてを定めています（二五二条）。

①破産者が自分の財産を隠したり、壊したり、債権者に不利益に処分したとき
②商業帳簿を作る義務があるのに作らなかったり、不正確な記載をしたり、あるいは帳簿を隠したり、捨てたとき
③浪費や賭博などによって著しく財産を減少させたり過大な債務を負担したとき
④破産手続開始の決定を遅らせる目的のために著しく不利益な条件で債務を負担したり信用取引で購入した商品を著しく不利益な条件で処分したとき
⑤支払不能状態に陥っているのに特定の債権者だけを特に有利にするために担保を提供したり期限前に弁済するなどしたとき

⑥破産手続開始決定前一年以内に支払不能の状態にあるのにそうではないと信用させるため詐欺をして信用取引で財産を得たとき
⑦裁判所に対して虚偽の債権者一覧表（名簿）を提出し、あるいは財産状態について虚偽の陳述をしたとき
⑧免責許可の申立前七年以内に免責を得ているとき
⑨破産法に定める義務に違反したとき・など

## 免責取消しの決定

破産者に対して詐欺破産罪の有罪の判決が確定したとき、破産者の不正の方法によって免責許可の決定がなされた場合には、裁判所の職権あるいは破産債権者の申立により免責取消しの決定がなされます。

なお、弁護士に破産手続開始の申立を依頼した場合にも、支払不能に至った事情をよく知っているのは債務者自身ですから、自分で勝手に「これは不利だから弁護士にも黙っていよう」などと判断してはいけません。

ウソをついても客観的な状態からすぐにばれてしまい、重大なウソが裁判所にわかった場合には、前述したように免責されないこともあります。また、詐欺破産罪などに問われることもあります。

**ポイント**　申立の際にウソをつくと取り消されたり、後に免責不許可になったりする。

# 12 自己破産で必要な申立費用と弁護士等の費用

自己破産と費用❶

## 自己破産の費用

破産手続開始を申し立てるために必要な費用としては、以下のものがあります。

①収入印紙（破産手続開始の申立書に貼る）一五〇〇円（※免責許可の申立分は五〇〇円）

②予納金　予納金は裁判所に破産手続きをしてもらうための費用をいいます。破産申立の際に裁判所に納める必要があります。予納金の額は裁判所によって若干異なりますが、同時廃止の場合であれば官報広告費として一～二万円程度（東京地裁の場合一万一八五九円…庁舎窓口での現金納付は一万二〇〇〇円）、破産管財人が選任される場合は、通常、負債総額に応じて二〇～五〇〇万円以上が必要です。

③予納郵券（切手）　四四〇〇円（東京地裁・自己破産の場合）

以上、同時廃止の場合の申立では、合計二～三万円程度が必要です（詳細は七三ページ参照）。

## 弁護士費用

（破産に関する一切を弁護士に依頼する場合）

弁護士に依頼する場合には、弁護士費用がかかります。着手金だけで二〇万円程度（実費含まず）は必要です。これに免責許可の決定がえられた場合は報酬金が同額程度必要となります。着手金は、通常、弁護士に依頼した段階で支払います。事業者であったり、財産関係が複雑な場合には弁護士費用はこれ以上かかることもあります。弁護士費用については、依頼する前に話し合ってください。

また、司法書士も書類作成代行して自己破産等の申立書の作成・提出もしてくれます。弁護士と異なる点は裁判官の質問に対して代理人となり答えることはできません。その分、通常は弁護士費用よりも安く頼めます。ただし、東京地裁では即日面接（六九ページ参照）による破産手続の運用がされており、この場合は弁護士により申立てをすることとなっています。

### 破産申立費用がどうしても捻出できない場合

破産管財人が選任されるような場合については、予納金が捻出できない場合には破産を申し立てる者にとって酷な結果になります。そこで破産法は、裁判所が特に必要と認める場合は、破産手続費用を仮に国庫から支弁できる、としています。また、裁判所によっては、とりあえず用意できる金額を予納金の一部として裁判所に納め、一応破産事件として受理し、予納金を全額用意できた時点で破産手続開始決定するという方法を認めている所もあるようです。

破産申立費用がどうしても捻出できない場合は、一定の要件のもとに弁護士費用をたてかえる民事法律扶助の制度もあります。扶助事件では消費者金融関連が約半数を占め弁護士費用の立替えなどが行われていますが、一定以下の収入であること、免責の見込みがあること、などの要件が必要です（破産事件では、申立費用は立替の対象となっていないようです）。詳しくは、日本司法支援センター（法テラス）か最寄りの弁護士会に照会してみてください。

**ポイント**　自己破産を申し立てるには収入印紙・予納金・予納郵券・弁護士費用が必要。

# 2 自己破産の申立手続きと申立書の書き方

## 自己破産の手続きと問題点

自己破産の手続きで知っておかなければならないことが、いくつかあります。まず、以下にこれを列挙します。

① 自己破産の申立はどこにするか？　申立裁判所は住所地の地方裁判所が管轄であり、決まった所に申し立てる必要がある（七〇ページ参照）
② 申立の費用はどのくらいかかるか？　その費用はどう捻出するかも考える（七二ページ参照）
③ どのような自己破産の方式をとるか？　同時廃止という方法もある（四八ページ参照）
④ 裁判所に何度出頭すればよいか？　日程の調整も考える（一〇二ページ参照）
⑤ 必要書類に何があるか？　自己破産の申立書だけでなく、添付書類も必要（七四ページ参照）
⑥ 自己破産の申立の書類はどう書くか？　一定の方式がある（七六ページ以下参照）
⑦ 自己破産の申立後に債権者（貸金業者など）とどう対応するか？　嫌がらせなどされないか（一九九ページ以下、二〇六ページ参照）

以上のような問題がありますが、これについては、順次、本章以下で解説していきます。

## 自己破産申立の書式の書き方

自己破産の申立書は裁判所に用意されている所もありますので、住所地を管轄する地方裁判所で確認してください。裁判所に所定の用紙があれば、それに記載するとよいでしょう。

なお、東京地方裁判所では、即日面接手続き（弁護士が受任した事件について、申立日に裁判官と弁護士の面接が行われ、面接した日に問題がなければ破産手続開始が決定されるというもの）の実施に伴い、現在、債務者個人が申し立てる用紙の備付けはありません。個人で申し立てるときには、申立書は自分で作成することになります。こうした場合も一度は、弁護士会などの法律相談所を利用して、委任するかどうかも含めて相談するのもいいでしょう。

## ●弁護士会の法律相談――クレジット・貸金業者などの借金の相談料は、原則として、無料

〔借金についての相談窓口＝東京の一例〕

・新宿総合法律相談センター　☎〇三―六二〇五―九五三一
・池袋法律相談センター　☎〇三―五九七九―二八五五
・錦糸町法律相談センター　☎〇三―五六二五―七三三六
・蒲田法律相談センター　☎〇三―五七一四―〇〇八一
・八王子法律相談センター　☎〇四二―六四五―四五四〇

弁護士会法律相談センター
クレサラ電話相談
☎〇五七〇―〇七一―三一六

なお、本章の書式は、裁判所の所定の書式（各地方裁判所によって異なる）をもとに、記入の仕方などについて解説しました。所定の書式がなく記載の仕方が分からない場合は、弁護士会の法律相談センターや各地の司法書士会で相談するとよいでしょう。

破産の申立手続き❶

# 1 破産手続開始の申立は申立人の住所地を管轄する地方裁判所

## どこの裁判所でもいいというわけではない

自己破産の手続きは、原則として、破産手続開始の申立を債務者本人の住所地または居所を管轄する地方裁判所またはその支部に対して行います。金銭貸借などの民事訴訟では、普通、相手方の住所地を管轄する裁判所ですので、破産手続開始の申立の場合は、申立人にとって地理的条件は有利です。

ここでいう住所地ですが、住所とは「各人の生活の本拠」(民法二一条)ということになっています。本来は住民票のある住所となります。また、居所とは、「人が多少の時間継続して居住しているが、土地とのつながりが住所ほど密接でない場所」のことをいいます。そして、住所が知れない場合には、居所が住所とみなされます。

したがって、自己破産の申立を行う場合は、あなたが住んでいる地域を管轄する地方裁判所、またはその支部に対して申し立てればよいことになるわけです。

## 申立は裁判所に書面で申請

この申立は、書面ですることになっています。ほとんどの裁判所には、備付けの書面が用意されています。住民票などの添付書類についても管轄の裁判所に問い合わせてください。

なお、全国の地方裁判所の所在地についてはインターネットで容易に検索することができますので、管轄裁判所については事前に確認されるといいでしょう。

**ポイント**　住所地を管轄する地方裁判所またはその支部に書面で申し立てる。

## 自己破産手続開始の申立の書類 ― 住民票など

○破産手続開始・免責許可の申立書（裁判所にある用紙に記載。以下同じ）
〔添付書類〕
○住民票の写し
○陳述書
○債権者一覧表
○財産（資産）目録
○家計の状況
○その他　前記の記載内容に応じ、不動産の登記事項証明書・賃貸借契約書、預貯金通帳のコピー、保険証書・解約返戻金の証明書、車検証のコピーなどを添付（裁判所で確認のこと）。

※住民票の写し（世帯全員・本籍地記載のもの）

市区町村役場には、当該市区町村の区域内に住所を有する個人を単位とする住民票を作成し、世帯ごとに編成した住民基本台帳があります。

住民票の写しの請求は、所定の請求書申請用紙（市区町村役場にあり）に所定の事項を記載して行います。

手数料が三〇〇円程度（自治体により異なる）が必要です。また郵送で請求できますが、郵送料が必要になります。

# 2 破産手続開始の申立を本人がする場合の費用

破産の申立手続き❷

## タダというわけにはいかない

自己破産申立に必要な費用は、申立書に貼付する①収入印紙代、②予納金、③予納郵券代（郵便切手のこと）が必要です。以下の費用は変わることもありますので、裁判所で確認してください。

①申立書に貼付する収入印紙代は、一五〇〇円（免責許可の申立手数料含む）です。

②予納金の額は、破産管財人を選任して破産手続きがなされる場合と、債務者にこれといっためぼしい資産がなくて破産手続開始の決定と同時に同時廃止決定がなされる場合とでは大きな差があります。債務者の財産が少なくて破産手続きの費用すら出ない場合は、破産手続きを進めても意味がないので、破産手続開始の決定と同時に破産管財人は選任しないで破産手続きを終結します。消費者金融などからの借金の場合は、家財道具を除けば他に特別な財産がないことが多いので、だいたいどこの裁判所でも同時廃止を認めています。予納金は、同時廃止の場合は官報広告料のみで、大体一万円～二万円程度です。

また、破産管財人を選任して個人が破産手続きをする管財事件の場合、負債総額により五〇〇〇万円未満は五〇万円、五〇〇〇万円以上一億円未満は八〇万円などとなっています。なお、東京地方裁判所などでは弁護士が代理人として申し立てた少額管財事件については、基本額二〇万円の予納金となっています。

予納金は官報公告費用、管財人の報酬など手続きに必要な費用ですが、余りがでれば返還されます。

③予納郵券額については、各地方裁判所に差があり一定していませんが、同時廃止の場合、だいたい四〇〇〇円～一万円前後の郵券を納めることになります。東京地方裁判所の場合、四四〇〇円です（郵便料金の改定で変わることがあります）。

## 本人でする申立でも二～三万円は必要

以上、東京地方裁判所で債務者本人が破産手続開始の申立をして、同時廃止が認められる場合の費用合計は、二万円程度となります。この他に、弁護士に依頼する場合には弁護士費用が必要になります。東京弁護士会の法律相談センターの場合、自己破産の弁護士費用は着手金だけで二〇万円（債権額・債権者数に応じて異なる）程度が必要です。

**ポイント**　本人で申請する場合、約二～三万円必要。

### ▶破産手続開始の申立の費用

| | 東京地方裁判所 | 各地方裁判所 |
|---|---|---|
| 手数料 | 1500円（免責手数料含む）収入印紙を申立書に貼ります。 | |

●管財人が選任されない場合（同時廃止事件）

| | 東京地方裁判所 | 各地方裁判所 |
|---|---|---|
| 予納郵券（郵便切手） | 4400円 | ・4000円～1万円程度の郵券を納めます。 |
| 予納金 | 1万1859円（現金納付＝1万2000円） | 1万円～2万円程度 |

●管財人が選任される場合（管財事件）

| | | 東京地方裁判所 | 各地方裁判所 |
|---|---|---|---|
| 予納郵券 | | 4400円（大型合議事件は6000円） | ・4000円～1万円程度の郵券を納めます。 |
| 予納金 | 少額管財事件（個人） | 20万円＋個人1件につき1万8543円 | 裁判所の窓口で確認してください。 |
| 予納金 | 債務総額 | 5000万円未満　50万円<br>5000万円～1億円未満　80万円<br>（以下略） | |

# 3 破産手続開始の申立の際にそろえる書類は多い

## 破産手続開始の申立で必要な書類

自己破産の手続開始の申立をするには、書面で必要書類を添えて管轄の裁判所に提出します。必要書類は各裁判所で、若干異なりますので、確認をしてそろえましょう。
① 破産手続開始・免責許可の申立書（八〇ページ参照）
② 住民票（本籍地の記載があるもの）
③ 陳述書（八一ページ参照）
④ 陳述書付属書類のコピー、補充書（各地方裁判所で異なる場合がある）
⑤ 債権者一覧表（九一ページ参照）
⑥ 資産目録（九二ページ参照）
⑦ 資産目録の付属書類のコピー、補充書（各地方裁判所で異なる場合がある）
⑧ 家計全体の状況（通常二か月分、九七ページ参照）
⑨ 家計全体の状況の付属書類のコピー、補充書（各地方裁判所で異なる場合がある）

〔その他の関係書類の提出〕

給料の支払を受けている人や、最近まで勤めていた人は、次の書類を提出します。
①　給料明細書または源泉徴収票
②　離職票または退職金支払額証明書
この他、申立人の状況を明らかにするために、次の書類も提出を求められます。
①　生活保護受給証明書
②　生命保険証書と解約返戻金の証明書
③　家屋賃貸借契約書のコピー
④　土地、建物登記事項証明書・借用書など
⑤　その他（車検証・預貯金通帳コピーなど）

### 書類でわからないときの相談

自己破産の手続開始の申立は、申立人（債務者）が現在住んでいる住所地を管轄する裁判所に対してすることは、すでに述べたとおりです。自己破産の手続開始の申立手続きや申立書のことで、わからないことがある場合には、この管轄地方裁判所の民事事件受付窓口や破産事件を担当する民事部の窓口で聞いてみるのもいいでしょう。

地方裁判所では、定型の破産手続開始申立書や陳述書を備え付けていますが、必要書類も異なる場合がありますので、問い合わせてみてください。

**ポイント**　面倒がらずに、書類は自分でそろえる。

破産申立書の作成❶

# 4 「破産手続開始申立書」と関連書式を作成する

## 「破産手続開始の申立」について

破産手続開始申立書の書式は、A4判の大きさの用紙に横書きで書きます。丁寧に書いてください。黒の万年筆かボールペンでもかまいません。記載内容や要領は、次項以下で説明します。

なお、掲載した書式は実際の地方裁判所のものですが、裁判所に定型の書式がない場合には、申し立てる裁判所の窓口で確認して、これを参考にして書くとよいでしょう。また、各地の弁護士会の法律相談センターでは無料で相談に応じていますので、そこで相談をするのもよいでしょう。

### 〔破産手続開始申立書の記載事項〕

破産手続開始の申立書には、住所・氏名、申立の趣旨、申立の理由が主な記載事項です。申立の理由では、破産手続開始を求めるための要件として破産原因である支払不能の状態が存在することを明らかにします（八〇ページ参照）。

具体的に、破産手続開始申立の添付書類として、別紙の陳述書・資産目録を作成して提出することになります。陳述書には、以下の事項等（各裁判所の書式に従う）を記載します。

### 〔陳述書の記載事項〕

① 自分の経歴等（現在に至る経歴）

②　家族関係等（家族・同居人の状況など）
③　現在の住居の状況
④　今回の破産申立費用の調達方法
⑤　破産手続開始申立に至った事情
⑥　借入等をした際の事情・など

〔提出にあたって〕申立書の提出にあたっては、記載漏れがないかをよく確認してください。添付書類（一緒に提出すべき書類）や切手・収入印紙は必要なものをあらかじめそろえて申立書とともに提出してください。後日、裁判官の審尋（面接）を受ける際に質問に答えられるようあらかじめ申立書類のコピーをとっておくとよいでしょう。

破産手続開始の申立の受付は、予納金を納めたり、書類を審査するため、ある程度時間がかかりますので、午前は九時三〇分から一一時三〇分まで、午後は一時から三時までの間に申し立てるようにしてください。受付窓口は、午前中が比較的すいており、午後は混みあいます。

## 提出書類にウソを書くとどうなる

債務者がわざと債権者名簿に記載しなかった債権者については、免責決定をえても免責の効力が及ばず責任を免れません。記載にあたっては、必ずウソがなく、また債権者一覧表、資産等については漏れがないよう十分に調べてから全部記載してください。

**ポイント**　申立書は正確に簡潔に記載し、絶対ウソは書かないこと。

## ●「破産手続開始の申立書」の記入の仕方

破産手続開始申立書には、申立人の氏名、生年月日、住所、連絡先を記入します。裁判所に用意されている所定の用紙であれば、空欄を埋めていけばよいことになります。申立書には、「申立の趣旨」と「申立の理由（破産手続開始の原因となる事実）」を記入します。

申立の趣旨は、申立人がどうして欲しいかを書きます。すなわちそれは破産手続開始の決定を得て破産者となることですから、次ページ以下の書式例のように「申立人について破産手続きを開始する」と書けばよいでしょう。また、同時廃止を求めるのであれば「本件破産手続きを廃止する」と書けばよいでしょう。裁判所の用意している定型書式には、すでにこうした文言が入っていて、チェックすればよい場合もあります。

申立の理由は、なぜ、破産を求めるのか（支払ができない）を簡潔に書きます。また、同時廃止を求める理由（破産手続きの費用を支払うことができない）も簡潔に書きます。

文例は次ページ以下の記載例を参照してください。

また、申立日、申立人の記名押印（実印でなくてもよい）、申し立てる裁判所も記入します。

なお、裁判所の破産手続開始手数料として一五〇〇円の収入印紙を貼ります（免責申立手数料五〇〇円含む）。ただし、消印はしないでください。破産手続開始の申立のみをする場合は一〇〇〇円です。

## ◆破産申立関係書類の作成について

※各裁判所で提出書類は確認してください。

(1)　破産手続開始申立書の記載と注意点
①　住民票の写し（本籍地の記載が省略のないもの）を取り寄せてください。実際に住んでいるところと住民票上の住所が違っている場合は、実際に住んでいるところの住居表示が分かるもの（例えば、賃貸借契約書、公共料金の請求書）を用意してください。
②　住民票などにもとづき、「住所」、「住民票上の住所」を正確に記入してください。「住所」とは、実際に住んでいるところです。
③　取り寄せた住民票の写しは、破産の申立をする時に、いっしょに提出してください。

(2)　陳述書の記載と注意点
「破産手続開始の申立に至った事情（債務の発生と増加の原因）」は、破産手続開始の申立が認められるかどうかを決める重要な資料ですので、正確にくわしく書いてください。

支払不能の状態にあるか否かで、破産手続開始の決定がなされるか否かが決まります。

(3)　債権者一覧表の記載と注意点
①　借入（購入）年月日の古いものから書いてください。
②　同じ債権者から何度も借入（購入）している場合でも、金額等は一か所にまとめて書いてください。最初に借入（購入）した日付を基準にして並べてください。
③　「債権者名」、「債権者住所」は、必ず書いてください。破産手続開始決定がなされた場合に、各債権者に通知するのに必要になります。
④　債権者が多い場合には、最初に必要な分だけ用紙をコピーしてから書いてください。

(4)　資産目録の記載と注意点
①　記入もれのないようにしてください。
②　土地、建物、自動車などの登記、登録の名義が自分の名前になっているものは、実際は使用していなくても、すべて記入し、自分以外の人が使用していれば、その理由を書いて提出してください。

(5)　家計の状況の記載と注意点
①　通常、申立前二か月分について提出します。
②　自分の収入、支出だけでなく、同居している人の収入、支出についても書いてください。誰の収入で、どのように暮らしているのかが分かるように書いてください。

破産手続開始及び免責申立書
(同時廃止用)

収入印紙 1,500円 消印しないこと

地方裁判所　　　　支部　御中

令和　　年 2 月 5 日

住　　所 〒○○○-○○○○
○○県○○市○○町○丁目○番○号

電話番号　（ ○○○ ）○○○ － ○○○○
携帯電話番号（ 090 ）×××× － ××××
ﾌｧｸｼﾐﾘ番号（ ○○○ ）○○○ － ○○○○
（住民票上の住所）〒○○○-○○○○
○○県○○市○○町○丁目○番○号

送達場所 〒

電話番号　（　　　）　－

ふりがな　やまだ　いちろう
債務者（申立人）
氏　名　山田　一郎　㊞

（生年月日　明・大・㊭　年 5 月 1 日生 41 歳）

（旧姓　　昭・平　・　・　改姓）

申立人代理人弁護士　　　　㊞

電話番号　（　　　）　－
ﾌｧｸｼﾐﾘ番号（　　　）　－

申立ての趣旨

1　債務者（申立人）について破産手続を開始する。
　本件破産手続を廃止する。
2　債務者を免責する。
との裁判を求める。

申立ての理由

1　申立人の資産・収入の状況等の生活状況及び申立人が負担する債務は，別紙陳述書及び債権者一覧表にそれぞれ記載したとおりです。
2　上記の記載によれば，申立人について破産原因の存在は明らかであると考えられます。また，申立人には，破産財団を構成すべき財産がほとんどなく，破産手続の費用を償うに足りないことは明らかです。
3　よって，本件破産手続開始及び破産廃止の決定を求めます。
4　なお，添付書類は次のとおりです。
　陳述書
　債権者一覧表
　住民票写し（本籍の記載が省略されていないもの）

裁判所受付欄

（参考例）※本例は地方裁判所の書式を参考に作成したものです。書式は各裁判所により異なります。

陳　　　述　　　書

地方裁判所　　　　　支部　御中

氏　　名　山田　一郎　㊞

次のとおり陳述します。なお，資産については「資産目録」記載のとおりです。
※　以下，指示に従って，□はレでチェックし，元号は文字を○印で囲んでください。

第１　生活の状況

１　現在の職業（□自営　☑勤務　□無職）
就職した時期（㊧・平　０　年　４　月から）
職場・会社名　甲山　株式会社
業　種　製造・販売
地　位　係長
手取収入月額　平均　２８　万　６,０００　円
退職金制度　☑ある（現在退職した場合の支給予定額　９４万３８００　円）
□ない

※　病気等により仕事ができず無職の場合には，診断書を添付してください。
※　給与収入のある人は最新の給与明細書の写し２か月分及び前年度（ない場合は前々年）の源泉徴収票の写しを提出してください。
※　自営業の人は直前２年間の確定申告書の控えを提出してください。
※　会社代表者の場合は，会社の過去２事業年度分の確定申告書及び決算報告書の写しをそれぞれ提出してください。
※　退職金があるときは，申立日現在で退職した場合の退職金見込額の証明書を勤め先から交付してもらって提出してください。
退職金がない場合で，正社員等の地位にあり５年以上勤務している人は，退職金がないことが分かるものを提出してください。

※以下、書式中の平成は令和となる場合があります。

2　家族の状況（両親・夫又は妻・子供）

| 続柄 | 氏名 | 年齢 | 同居の有無 | 職業 | 平均手取月収 |
|---|---|---|---|---|---|
| 妻 | 山田　花子 | 38歳 | （☑同居□別居） | パート | 5万円 |
| 子 | 山田　良子 | 10歳 | （☑同居□別居） | 小学生 | 万円 |
| 子 | 山田　太郎 | 8歳 | （☑同居□別居） | 小学生 | 万円 |
| | | 歳 | （□同居□別居） | | 万円 |
| | | 歳 | （□同居□別居） | | 万円 |
| | | 歳 | （□同居□別居） | | 万円 |

3　現在の住居の状況

居住を開始した日（昭・㊥平 〇年 9月）

□借家　☑賃貸アパート　□社宅　□公営住宅　□その他（　　　　）

家賃（管理費を含む。）＿＿＿＿円

敷　　金＿＿＿＿円

家賃滞納額＿＿＿＿円

借主の名前＿＿＿＿

□持家（同居者の持家も含む。）

所有者名：土　地＿＿＿＿　申立人との関係＿＿＿＿

建　物＿＿＿＿　申立人との関係＿＿＿＿

※　持家に居住している場合には，自分以外の家族の所有であっても，土地・建物の登記簿謄本を提出してください。

※　借家・賃貸アパートの場合には，賃貸借契約書の写しを提出してください。

(注) 登記簿謄本は不動産登記事項証明のことです。以下同じ

4　家計の状況

現在の家計の状況は「我が家の家計の状況」記載のとおりです。

第2　経歴等

1　最終学歴

㊥昭・平 〇年 3月　〇〇大学　（☑卒業□中退）

2 申立人の職歴（現在の職業を除き，現在の職業に至るまで古い順に４つを記載してください。）

① ㊐・平 ○ 年 4 月から㊐・平 ○ 年 3 月まで （□自営☑勤務）
職場・会社名 △△株式会社
業　　種 営業
地　　位 ＿＿＿＿
手取収入月額 20 万円

② 昭・平＿年＿月から昭・平＿年＿月まで （□自営□勤務）
職場・会社名 ＿＿＿＿
業　　種 ＿＿＿＿
地　　位 ＿＿＿＿
手取収入月額 ＿＿万円

③ 昭・平＿年＿月から昭・平＿年＿月まで （□自営□勤務）
職場・会社名 ＿＿＿＿
業　　種 ＿＿＿＿
地　　位 ＿＿＿＿
手取収入月額 ＿＿万円

④ 昭・平＿年＿月から昭・平＿年＿月まで （□自営□勤務）
職場・会社名 ＿＿＿＿
業　　種 ＿＿＿＿
地　　位 ＿＿＿＿
手取収入月額 ＿＿万円

3 結婚歴
□ない
☑ある（現在までの結婚歴をすべて記載すること。相手の氏名は結婚直前の氏名）
① 昭・㊣ ○ 年 5 月結婚，昭・平＿年＿月離婚
相手の氏名 鈴木 花子
② 昭・平＿年＿月結婚，昭・平＿年＿月離婚
相手の氏名＿＿＿＿
③ 昭・平＿年＿月結婚，昭・平＿年＿月離婚
相手の氏名＿＿＿＿

第３　以前の生活状況

※　以下にあてはまるものをすべて記入してください。

□以下のいずれにも該当しません。

□バー・クラブ・スナック等での飲食
　どんな所へ行ったか＿＿＿＿＿＿＿＿＿＿＿＿＿＿
　行った時期（昭・平＿＿年＿＿月頃から昭・平＿＿年＿＿月頃）
　行った回数（平均すると１か月に＿＿＿＿回くらい）
　使った金額（平均すると１か月に＿＿＿＿万円くらい）
□パチンコ・競馬・競輪・マージャン等のギャンブル
　何をしたか＿＿＿＿＿＿＿＿＿＿＿＿＿＿
　行った時期（昭・平＿＿年＿＿月頃から昭・平＿＿年＿＿月頃）
　行った回数（平均すると１か月に＿＿＿＿回くらい）
　使った金額（平均すると１か月に＿＿＿＿万円くらい）
□投機行為等（株式購入・先物取引・マンションなど）
　何をしたか＿＿＿＿＿＿＿＿＿＿＿＿＿＿
　行った時期（昭・平＿＿年＿＿月頃から昭・平＿＿年＿＿月頃）
　使った金額
　（総額で＿＿＿万円くらい投資し，結局＿＿＿万円くらい損しました。）
□物品の購入（２０万円以上のもの）
　①買った物＿＿＿＿＿＿＿＿＿＿
　買った時期（昭・平＿＿年＿＿月頃）
　使った金額（＿＿＿＿＿＿＿万円）
　クレジット会社名（＿＿＿＿＿）
　現在その商品はどうなっていますか
　＿＿＿＿＿＿＿＿＿＿＿＿＿＿
　②買った物＿＿＿＿＿＿＿＿＿＿
　買った時期（昭・平＿＿年＿＿月頃）
　使った金額（＿＿＿＿＿＿＿万円）
　クレジット会社名（＿＿＿＿＿）
　現在その商品はどうなっていますか
　＿＿＿＿＿＿＿＿＿＿＿＿＿＿
　③買った物＿＿＿＿＿＿＿＿＿＿
　買った時期（昭・平＿＿年＿＿月頃）
　使った金額（＿＿＿＿＿＿＿万円）
　クレジット会社名（＿＿＿＿＿）
　現在その商品はどうなっていますか
　＿＿＿＿＿＿＿＿＿＿＿＿＿＿
　④買った物＿＿＿＿＿＿＿＿＿＿
　買った時期（昭・平＿＿年＿＿月頃）
　使った金額（＿＿＿＿＿＿＿万円）
　クレジット会社名（＿＿＿＿＿）
　現在その商品はどうなっていますか
　＿＿＿＿＿＿＿＿＿＿＿＿＿＿
　※　書ききれない場合は，この用紙をコピーして同じ要領で記載してください。

□その他

第４　債権者との状況

１　債権者との話し合い（借金の返済金額・期間等の方法について）
□ない
□ある
話し合い（弁護士を介した話し合いや裁判所における調停・和解を含む。）の結果，次のとおり話がまとまって支払いましたが，結局支払えなくなりました。
応じた債権者の数（＿＿＿＿人中＿＿＿＿人）
支払った期間（昭・平＿＿年＿＿月頃から昭・平＿＿年＿＿月頃）
毎月の支払総額（＿＿＿＿＿＿万円）
※　過去に調停・和解が成立した場合は，調停調書又は和解調書の写しを提出してください。

２　差押・仮差押等（競売・滞納処分を含む。）
☑ない
□ある
差し押さえられたもの
□給料
□家財道具
□不動産
□電話加入権
□その他（＿＿＿＿＿＿＿＿＿＿＿＿＿＿＿＿＿＿）
※　裁判所からきた決定書等の写しを提出してください。

第５　債務の発生原因・増加の事情

多額の借金をした理由は，以下のとおりです。
※　次の１～８の中から，理由としてあてはまるもの（複数ある場合は，そのすべて）をチェックし，９（６ページ以下）にその具体的事情を記載してください。

１☑生活費が足りなかったためです。
※　当時の職業，収入（月収）及び生活費が足りなくなった具体的な理由を９に書いてください。
２□飲食，飲酒，旅行，商品購入（自動車，絵画，パソコン，洋服，健康器具等），ギャンブル，風俗等にお金を使い過ぎたためです。
※　具体的な事情（いつころに，何に，いくら使ったか，ローンの場合は月々のローン額等）を９に書いてください。
３□事業（店）の経営に必要だったためです。
事業資金としてつぎ込んだ金額：合計＿＿＿＿＿万円
※　事業内容（会社名，店名，取引の仕組み，従業員数，売上高等）及び事業（店）の経営に失敗した理由を９に書いてください。

4 □仕事上の接待費の立替払い，契約金の立替払い，営業の穴埋め，ノルマの達成等にお金を使い過ぎたためです。
　※　具体的な事情を９に書いてください。
5 □住宅ローンが高額に上がったためです。
　当時の職業：＿＿＿＿＿＿　月収＿＿＿＿万円
　購入物件：□土地　□建物　□マンション　□その他（＿＿＿＿＿＿）
　購入時期：昭・平＿＿年頃
　購入金額：合計＿＿＿万＿＿＿円
　月々の返済金額：＿＿＿万＿＿＿円（ボーナス時＿＿＿万＿＿＿円）
　※　具体的な事情を９に書いてください。
6 □他人（又は会社）の借金を保証したためです。
　※　保証することになった具体的な事情を９に書いてください。
7 □返済のためです。
　※　具体的な事情を９に書いてください（いつ，だれから，いくらくらい借りて，どこへいくらくらい返済したか。）。
8 □その他
　※　具体的な事情を９に書いてください。
9 □それぞれの具体的な事情は次のとおりです。
　※　年代を追ってその時の収入・債務の総額・月々の返済額等について，詳しく記入してください（箇条書きでもかまいません。）。

| （年月日） | （内　容） |
|---|---|
| 平成○年○月○日 | 長男が生まれたばかりの頃で，会社の業績が思わしく |
| | なく，ボーナスが支給されませんでした。しかも， |
| | 子どもが病弱で入退院をくり返していたため，医療 |
| | 費にあてるため借金をしました。 |
| | 月収　25万円，借入金　20万円 |
| 平成○年△月～ | その後も会社の業績は回復せず，賃金カットもあり，さらに減収と |
| | なったことから，生活費として，株式会社B信販，株式会社Cなど |
| | から生活費と借金返済のために借金を繰り返しました。 |
| 平成○年×月×日 | 借金の総額が500万円を超え，金利のみの返済さえも困難と |
| | なったことから，親に頼んで借金整理をしようとしましたが， |

| | |
|---|---|
| | |
| | 親からの支援は200万円程で、残借金が300万円程残りました。 |
| 平成△年△月～ | その後は親からの支援もなく、借金整理もできないままに、 |
| | 借金返済のために借金を繰り返し、平成○年2月現在では |
| | 借金総額800万円となり、日々の生活費にも困窮している |
| | 状況です。 |
| | |
| | |
| | |
| | |
| | |
| | |
| | |
| | |
| | |
| | |
| | |
| | |
| | |
| | |

※　書ききれない場合は，この用紙をコピーして記載してください。

第６　借入等をした際の事情

1　自分以外の名前を使って借入れ等を申し込んだことがありますか。

☑ない

□ある　昭・平＿＿年＿＿月に＿＿＿＿＿＿＿＿＿＿から借入れをした際に

＿＿＿＿＿＿＿＿＿＿（あなたとの関係＿＿＿＿＿）の名前で借りました。

他人名義の使用について，本人の承諾は　□ない　□ある

債権者は　□知っている　□知らない

2　その他借入れ等の際に事実と違うことを述べたことがありますか。

☑ない

□ある

□氏名→事情＿＿＿＿＿＿＿＿＿＿＿＿＿＿＿＿＿＿＿＿

□生年月日→事情＿＿＿＿＿＿＿＿＿＿＿＿＿＿＿＿＿＿

□住所→事情＿＿＿＿＿＿＿＿＿＿＿＿＿＿＿＿＿＿＿＿

□使途→事情＿＿＿＿＿＿＿＿＿＿＿＿＿＿＿＿＿＿＿＿

□他社での借入総額→事情＿＿＿＿＿＿＿＿＿＿＿＿＿＿＿

□その他＿＿＿＿＿＿＿＿＿＿＿＿＿＿＿＿＿＿＿＿＿＿

3　換金する目的でクレジットカードを使ったり，架空のローンを組んで物品を購入したことがありますか。

☑ない

□ある

①購入年月日（昭・平＿＿年＿＿月）
購入品名＿＿＿＿＿＿＿＿
処分先＿＿＿＿＿＿＿＿
換金により得た金額（＿＿＿万円）
きっかけ
□自分で考えました
□第三者に教えられました
□業者の広告を見ました
□業者に勧められました

②購入年月日（昭・平＿＿年＿＿月）
購入品名＿＿＿＿＿＿＿＿
処分先＿＿＿＿＿＿＿＿
換金により得た金額（＿＿＿万円）
きっかけ
□自分で考えました
□第三者に教えられました
□業者の広告を見ました
□業者に勧められました

③購入年月日（昭・平＿＿年＿＿月）
購入品名＿＿＿＿＿＿＿＿
処分先＿＿＿＿＿＿＿＿
換金により得た金額（＿＿＿万円）
きっかけ
□自分で考えました
□第三者に教えられました
□業者の広告を見ました
□業者に勧められました

④購入年月日（昭・平＿＿年＿＿月）
購入品名＿＿＿＿＿＿＿＿
処分先＿＿＿＿＿＿＿＿
換金により得た金額（＿＿＿万円）
きっかけ
□自分で考えました
□第三者に教えられました
□業者の広告を見ました
□業者に勧められました

※書ききれない場合は，この用紙をコピーして同じ要領で記載してください。

4　負債を返済できないと思うようになった時期以降に，新たに借入れをしたり商品を購入したことがありますか。

☑ない

□ある　平＿＿年＿＿月に＿＿＿＿＿＿＿＿から　□借入れ　□購入

借入れ又は購入した金額・購入品名等の内容

＿＿＿＿＿＿＿＿＿＿＿＿＿＿＿＿＿＿＿＿

＿＿＿＿＿＿＿＿＿＿＿＿＿＿＿＿＿＿＿＿

第７　返済等に関する状況

1　借金返済のための借入れなどに頼らず，自分（又は同居者等）の収入の範囲内で，初めに約束したとおり元金と利息を支払っていたのは，

昭・㊥＿○＿年＿○＿月頃までです。

2　最後の借入時期（自動支払機による少額利用を含む。）と使途

平成＿○＿年＿○＿月頃，＿Eファイナンス＿から借りた＿○○万＿＿円が最後です。

この借入金の使いみち＿債務の返済＿＿

3　あらゆる手段によっても弁済が不可能だと思うようになった時期及び理由

平成＿△＿年＿△＿月頃，理由は次のとおりです。

（その頃の月々の返済額の合計＿＿26＿万円）

□支払いに要する金額が，収入をはるかに超えていたためです。その頃の収入は平均手取月収で＿28＿万円です。

□業者から貸付けを拒否されたためです。

□収入がなくなったためです。

（理由　□失業　□病気　□その他＿＿＿＿＿＿＿＿）

□その他＿＿＿＿＿＿＿＿＿＿＿＿

4　現在の借入金の返済状況

☑平成＿△＿年＿×＿月頃以降全く支払っていません。

□現在も＿＿＿＿＿＿＿＿＿＿に対して支払っています。

第８　現在までの破産・免責手続について

過去に破産宣告又は破産手続開始決定を受けたり，現に係属している破産事件や個人再生事件等がありますか。

☑ない

□ある（昭・平＿＿年＿＿月＿＿日＿＿＿＿地方裁判所＿＿＿＿支部

事件番号　昭・平＿＿＿年（＿＿＿）第＿＿＿＿＿号）

なお，この破産手続について，その後の免責手続は次のとおりです。

□申立中です

□免責を許可されました（昭・平＿＿年＿＿月＿＿日付けの決定）

□免責の申立てをしましたが，不許可になりました

□免責の申立てをしましたが，その後に取り下げました

□免責の申立てはしませんでした

第９　関連事件係属の有無

今回の破産申立てに関連する破産事件がほかにありますか。

☑ない

□ある（昭・平＿＿年＿＿月＿＿日＿＿＿＿地方裁判所＿＿＿＿支部

事件番号　昭・平＿＿＿年（＿＿＿）第＿＿＿＿＿号）

なお，この事件の破産者は次のとおりです。

□代表者に就任している法人

□相互に連帯債務者の関係にある個人

□相互に主たる債務者と保証人の関係にある個人

□夫又は妻

第 10　今後の見通し，生活を改善すべき点，今までに反省すべき点など，その他述べたいことは，以下のとおりです。

（省略）

# 債　権　者　一　覧　表（　枚中　枚目）

| 番号 | 住所（送達場所）<br>債権者名 | 借入時期 | 現在の残高 |
|---|---|---|---|
| | 〒000-0000<br>00県00市00町0丁目0番0号<br>Aクレジット 株式会社 | 平成△年△月△日<br>〜<br>0年0月0日 | 200万円 |
| | ①使途・原因（子どもの入院費・生活費）②保証人・担保 有・無（ ）<br>③差押等 有・無（ ）④最終返済日（0年0月0日／一度も返済せず） | | |
| | 〒xxx-xxxx<br>00県xx市xx町x丁目x番x号<br>株式会社 B信販 | 平成x年x月x日<br>〜<br>0年0月0日 | 180万円 |
| | ①使途・原因（子どもの入院費・生活費）②保証人・担保 有・無（ ）<br>③差押等 有・無（ ）④最終返済日（ 年 月 日／一度も返済せず） | | |
| | 〒△△△-△△△△<br>00県△△市△△町△丁目△番△号<br>株式会社 C | 平成0年0月0日<br>〜<br>0年0月0日 | 150万円 |
| | ①使途・原因（債務の返済）②保証人・担保 有・無（ ）<br>③差押等 有・無（ ）④最終返済日（0年0月0日／一度も返済せず） | | |
| | 〒000-0000<br>00県00市00町0丁目0番0号<br>株式会社 Dクレジット | 平成0年0月0日<br>〜<br>0年0月0日 | 150万円 |
| | ①使途・原因（債務の返済）②保証人・担保 有・無（ ）<br>③差押等 有・無（ ）④最終返済日（0年0月0日／一度も返済せず） | | |
| | 〒xxx-xxxx<br>xx県xx市xx町x丁目x番x号<br>Eファイナンス株式会社 | 平成0年0月0日<br>〜<br>△年△月△日 | 120万円 |
| | ①使途・原因（債務の返済）②保証人・担保 有・無（ ）<br>③差押等 有・無（ ）④最終返済日（ 年 月 日／一度も返済せず） | | |
| | 〒 | 年 月 日<br>〜<br>年 月 日 | |
| | ①使途・原因（ ）②保証人・担保 有・無（ ）<br>③差押等 有・無（ ）④最終返済日（ 年 月 日／一度も返済せず） | | |
| | 〒 | 年 月 日<br>〜<br>年 月 日 | |
| | ①使途・原因（ ）②保証人・担保 有・無（ ）<br>③差押等 有・無（ ）④最終返済日（ 年 月 日／一度も返済せず） | | |
| | 債権者合計 5 人 | 現在の残金額合計 | 800万円 |

※書ききれない場合は，この用紙をコピーして記載してください。
　破産債権となることが見込まれる債権，租税債権及び給料債権等ももらさず記載してください。

# 資　産　目　録

1　不動産

☑ない

※　住所地の市町村役場税務課で交付される無資産証明書を提出してください（自分以外の家族所有の建物等に居住している人は，その土地・建物登記簿謄本を提出してください。）。

□ある

※　登記簿謄本及び固定資産評価証明書を提出してください。

※　３筆（棟）以上ある場合は，この用紙をコピーして同じ要領で記載してください。

※　被担保債権額については，債権者が発行する現在残高の証明書を提出してください。

①種類（□土地　□建物　□マンション）

名義人氏名（□本人　□その他＿＿＿＿＿＿＿・あなたとの関係＿＿＿＿＿）

取得時期（昭・平＿＿年＿＿月）

購入価格（＿＿＿＿＿＿万円，□相続　□その他＿＿＿）

担保に□入っていない

□入っている

（１）担保権者の氏名・会社名

＿＿＿＿＿＿＿＿＿＿

債務者

（□本人□その他＿＿＿＿＿）

被担保債権額

（申立日現在＿＿＿＿＿万円）

（２）担保権者の氏名・会社名

＿＿＿＿＿＿＿＿＿＿

債務者

（□本人□その他＿＿＿＿＿）

被担保債権額

（申立日現在＿＿＿＿＿万円）

（３）担保権者の氏名・会社名

＿＿＿＿＿＿＿＿＿＿

債務者

（□本人□その他＿＿＿＿＿）

被担保債権額

（申立日現在＿＿＿＿＿万円）

（４）担保権者の氏名・会社名

＿＿＿＿＿＿＿＿＿＿

債務者

（□本人□その他＿＿＿＿＿）

被担保債権額

（申立日現在＿＿＿＿＿万円）

相続財産の場合の遺産分割協議について

□未了　□終了

②種類（□土地　□建物　□マンション）

名義人氏名（□本人　□その他＿＿＿＿＿＿＿＿・あなたとの関係＿＿＿＿＿）

取得時期（昭・平＿＿年＿＿月）

購入価格（＿＿＿＿＿＿＿万円，□相続　□その他＿＿＿）

担保に□入っていない

□入っている

（１）担保権者の氏名・会社名

＿＿＿＿＿＿＿＿＿＿＿＿＿

債務者

（□本人□その他＿＿＿＿＿）

被担保債権額

（申立日現在＿＿＿＿＿万円）

（２）担保権者の氏名・会社名

＿＿＿＿＿＿＿＿＿＿＿＿＿

債務者

（□本人□その他＿＿＿＿＿）

被担保債権額

（申立日現在＿＿＿＿＿万円）

（３）担保権者の氏名・会社名

＿＿＿＿＿＿＿＿＿＿＿＿＿

債務者

（□本人□その他＿＿＿＿＿）

被担保債権額

（申立日現在＿＿＿＿＿万円）

（４）担保権者の氏名・会社名

＿＿＿＿＿＿＿＿＿＿＿＿＿

債務者

（□本人□その他＿＿＿＿＿）

被担保債権額

（申立日現在＿＿＿＿＿万円）

相続財産の場合の遺産分割協議について

□未了　□終了

２　現　金　□ない　☑ある（　20　万　　円）

預貯金　☑ない　□ある（　　　万　　円）

※　現在使用している最新の預貯金通帳・証書の表紙を含む全ページの写しを，申立ての時までの分を記帳した上，提出してください。預金額がゼロやマイナスの場合でも必要です。

3　貸付金等（個人事業主の方は，あとのページに別に記入する欄がありますので，そちらに記入してください。）

☑ない

□ある

①□貸付金□その他（＿＿＿）

相手方の名前＿＿＿＿＿＿＿＿

金　額　＿＿＿＿万＿＿＿円

回収可能性　□ある□ない

回収できない理由

＿＿＿＿＿＿＿＿＿＿＿＿

②□貸付金□その他（＿＿＿）

相手方の名前＿＿＿＿＿＿＿＿

金　額　＿＿＿＿万＿＿＿円

回収可能性　□ある□ない

回収できない理由

＿＿＿＿＿＿＿＿＿＿＿＿

4　自動車・オートバイ

☑ない

□ある

①車名＿＿＿＿＿＿＿

年式（平成＿＿＿年式）

ローンは□終わっている

□残っている

（債権者＿＿＿＿＿

残　額＿＿＿＿＿万円）

名義（□本人□ディーラー

□その他＿＿＿＿＿）

年式が現在から５年以内の場合は時価

（＿＿＿＿＿＿万円）

②車名＿＿＿＿＿＿＿

年式（平成＿＿＿年式）

ローンは□終わっている

□残っている

（債権者＿＿＿＿＿

残　額＿＿＿＿＿万円）

名義（□本人□ディーラー

□その他＿＿＿＿＿）

年式が現在から５年以内の場合は時価

（＿＿＿＿＿＿万円）

※　必ず車検証の写しを提出してください。

※　３台以上所有している場合はこの用紙をコピーして記入してください。

5　生命保険・損害保険の保険契約

☑ない

□ある

| 保険の名称 | 保険会社 | 加入年月日 | 毎月の保険料 | 返戻金額 |
|---|---|---|---|---|
| ① | | ・　・ | | 万円 |
| ② | | ・　・ | | 万円 |
| ③ | | ・　・ | | 万円 |
| ④ | | ・　・ | | 万円 |

※　保険会社作成の証書又は解約返戻金の証明書を提出してください。

6　その他お金に換えることのできる財産で２０万円以上のもの（ゴルフ会員権，株式，貴金属等）

☑ない

□ある（※具体的な種類，評価額を以下に記載してください。）

＿＿＿＿＿＿＿＿＿＿＿＿＿＿＿＿＿＿＿＿

＿＿＿＿＿＿＿＿＿＿＿＿＿＿＿＿＿＿＿＿

7　過去２年間に不動産など価値のある財産を処分したことがありますか（売却のほか，借金のかたに取られた場合，質入れなどの場合，生命保険を解約した場合を含みます。）。

☑ない

□ある

①財産の種類＿＿＿＿＿＿
処分の時期　平＿＿年＿＿月
処分方法　＿＿＿＿＿＿
処分により取得した金銭
＿＿＿＿＿＿万円
金銭の使途＿＿＿＿＿＿

②財産の種類＿＿＿＿＿＿
処分の時期　平＿＿年＿＿月
処分方法　＿＿＿＿＿＿
処分により取得した金銭
＿＿＿＿＿＿万円
金銭の使途＿＿＿＿＿＿

※　売却時の契約書や領収書，解約時の書面等，財産の処分が確認できる資料を提出してください。

※　書ききれない場合は，この用紙をコピーして記入してください。

8　過去2年間に退職金，保険金，慰謝料等の支払いを受けたことがありますか。

☑ない

□ある

①種　類 ＿＿＿＿＿＿＿＿
時　期（平＿＿年＿＿月頃）
金　額（＿＿＿＿＿＿万円）
使い道　□残っている
□（□全部　□一部），
使ってしまった
使った具体的事情
＿＿＿＿＿＿＿＿＿＿
＿＿＿＿＿＿＿＿＿＿

②種　類＿＿＿＿＿＿＿＿
時　期（平＿＿年＿＿月頃）
金　額（＿＿＿＿＿＿万円）
使い道　□残っている
□（□全部　□一部），
使ってしまった
使った具体的事情
＿＿＿＿＿＿＿＿＿＿
＿＿＿＿＿＿＿＿＿＿

9　過去2年間に，離婚・離縁にともない財産分与をしたことがありますか。

☑ない

□ある

時　期（平＿＿年＿＿月頃）

分与した財産・金額等の内容

＿＿＿＿＿＿＿＿＿＿＿＿＿＿＿＿＿＿＿＿

＿＿＿＿＿＿＿＿＿＿＿＿＿＿＿＿＿＿＿＿

10　過去2年間に，遺産を相続したことがありますか。

☑ない

□ある

時　期（平＿＿年＿＿月頃）

相続した財産・金額等の内容

＿＿＿＿＿＿＿＿＿＿＿＿＿＿＿＿＿＿＿＿

＿＿＿＿＿＿＿＿＿＿＿＿＿＿＿＿＿＿＿＿

遺産分割協議について　　□未了　　□終了

我が家の家計の状況（申立ての前月・令和 0 年 1 月分）

| | 科目 | 金額 | 内容説明・必要書類 |
|---|---|---|---|
| 収入 | 給与（申立人） | 286,000 | ☑給与明細 |
| | 給与（配偶者） | 50,000 | |
| | 給与（　　　　） | | |
| | 給与（　　　　） | | |
| | 生活保護（申立人） | | □受給証明 |
| | 失業保険（申立人） | | □受給証明 |
| | 年金（申立人） | | □受給証明 |
| | 年金（　　　　） | | |
| | 援助者からの援助　※ | | |
| | その他（サラ金等の借入れ）※ | | |
| | | | |
| | 合　計 | 336,000 | |
| 支出 | 住宅費（家賃・地代） | 75,000 | ☑賃貸借契約書 |
| | 駐車場代 | | |
| | 食費 | 87,000 | |
| | 衣料等その他生活費 | 20,700 | |
| | 水道・光熱費 | 40,000 | |
| | 交通費（ガソリン代を含む）※ | 5,000 | 通院費 |
| | 電話料金 | 4,300 | |
| | 教育費 | 18,000 | |
| | 医療費 | 9,000 | |
| | 交際費 | 5,000 | |
| | 保険料　※ | | □保険証書 |
| | 養育費その他の送金　※ | | |
| | 借金の返済　※ | 150,000 | |
| | 家族のローン返済　※ | | |
| | その他　※ | | |
| | | | |
| | | | |
| | 合　計 | 414,000 | |

※　申立ての前月分について，家計を同じくする世帯ごとの単位で記入する。
　提出書類の□にレを入れる。

　家族の分についても，だれのものなのかが分かるように記入し，該当する車検証や保険証書等の写しを提出する。

※　収入欄の「援助者からの援助」は，だれからの援助かを内容説明欄に記入する。
　支出欄の「交通費」「保険料」「養育費その他の送金」「借金の返済」「家族のローン返済」は，内訳を内容説明欄に記入する。

　「その他」は，内訳を内容説明欄に記入する。

破産申立後の手続き❶

# 5 必要なら破産申立をしたことを債権者に通知する

## 破産手続開始の申立の通知書の効果

貸金業法の取立規制では、裁判所より破産の手続きをとったことの通知を受けた後に、債権者が正当な理由なく支払の請求をすることを禁止しています。したがって、破産手続開始の申立をした後は、債権者は支払の請求をしてはならないことになっているのです。

しかし、自己破産の手続開始の申立をしても、裁判所からすぐに債権者に通知がなされるわけではありません。そこで、債務者のほうから自己破産の手続開始の申立をすると同時に、債権者に通知書を出せば、通常、債権者からの督促や取立は止まるでしょう。また、裁判所等からの通知があったのに止まらない場合には、監督官庁（金融庁・各地の財務局および都道府県貸金業担当部課係）にその旨を申し立ててください。

自己破産手続開始の申立をした旨の通知書には、次のことは書くとよいでしょう。

① 破産手続開始の申立に至った事情
② 今後の裁判手続きに協力して欲しい旨のお願い
③ その際、裁判所名と破産事件番号を必ず付記すること

**ポイント** 破産の手続開始の申立をしたことの通知書を出せば、通常、督促や取立は止まる。

債権者各位

# 通知書

前略

私の債務整理の件についてご報告致します。

現在私は、○○名の債権者より合計○○○万円の負債を負っていますが、私の収入、経済状態ではとても上記債務を返済することが困難です。

そこで、この度令和○年○月○日、○○地方裁判所に自己破産の手続開始の申立てをし、同日、同裁判所令和○年フ第○○○号破産事件として受理されました。

したがいまして、各債権者におかれましては、今後裁判所で進められます破産手続きにご協力くださいますよう、なにとぞよろしくお願い申し上げます。

以上ご通知いたします。早々

令和○年○月○日

住　所　□□県□市□町□丁目□番□号
債務者　山　田　一　郎　　印

# 6 破産手続開始申立後の手続きの流れ

## 同時廃止・異時廃止・破産管財人による破産手続

自己破産の手続開始の申立では申立人の資産状態に応じてその後の手続きが変わります。

### ① 同時廃止（債務者に財産がないとき）

消費者金融・クレジット破産の場合は、まったく財産のないケースがほとんどですから、こうしたケースでは同時廃止の申立（破産手続開始の申立書に記載）により、ほとんどの裁判所で破産手続開始の決定と同時に同時廃止決定がなされています。

同時廃止を申し立てたときは、破産管財人が選任される通常の破産手続きと比較して裁判所に納める予納金が安く、ほぼ一～二万円ぐらいですみます。

### ② 異時廃止

破産手続開始の決定後、破産管財人が選任され、現実に破産手続きが開始された後、財産が少なくて破産手続費用も出ないと認められるときには、破産管財人の申立、または裁判所の職権で破産廃止決定がなされ、破産手続きを中止します。

### ③ 破産管財人による破産手続き

債務者に財産がある場合には、破産管財人によって手続きが進められ、最終的には債権者に配当というかたちで、お金が配分されます。

④　東京地方裁判所等では、弁護士受任の場合の**即日面接**（四六ページ）による破産手続開始の決定が実施されています。

## 裁判所に呼ばれ審問が行われる

自己破産の手続開始の申立をしたからといっても、すぐに破産手続開始の決定がなされるわけではありません。通常、裁判所に呼ばれて、審尋があります。これは担当裁判官が破産申請人に対して質問する場であると考えてください。通常、この審尋期日は破産の手続開始の申立後一か月程度後の期日を指定して、裁判所からの呼び出しがあります。一か月程度かかる理由は、裁判所は申立がなされた後、必要資料のチェック、追完作業などが必要で、その後に審尋が行われるからです。裁判所の指定した日には、遅刻をせずに出頭してください。

なお、弁護士が代理人となっている場合、東京地裁等では、原則として、申立日に弁護士との面接が行われ、即日、破産手続開始の決定がなされることは前述したとおりです。

## 審尋の内容は陳述書記載のものとほぼ同様

審尋での担当裁判官からの質問は、申立書・陳述書などをもとに破産要件に該当するかどうかがチェックされます。したがって、申立書および陳述書が具体的かつ詳細に書かれていれば、同時廃止の場合、比較的短時間で終わります。

**ポイント**　審尋は破産申請人が支払不能の状態にあるかどうかを判断するためのもの。

破産申立後の手続き③

# 7 裁判所には審尋のとき出頭する

## 同時廃止の場合、裁判所の審尋は一回程度

自己破産の申立をして同時廃止がなされるような場合は、申立後に、裁判所に出頭して担当裁判官により自己破産申立の事情について質問されます（審問期日ないし審尋期日）。

この審尋期日は、申立書を提出し、予納金を納めた時点でだいたい二週間～一か月後ぐらい後に指定されるのが通常です。裁判所の資料チェック・追完作業などにかかる日数を見込んで、審尋期日を指定されるのですが、それがほぼ一か月後くらいになるわけです。

こうして、債権者の審尋と書類などによる審理をした後、相当であると認められたときには、審尋期日からそうたたないうちに、裁判所は債務者に対して破産手続開始の決定をし、あわせて同時廃止の決定をします。

したがって、同時廃止の場合、破産手続開始の決定と同時廃止決定が出るまでの期間はおおよそ自己破産の申立をしてから約一～二か月ということになります。

ただし、裁判所によってはこれ以上の日数がかかるところもあるようです。一方、東京地方裁判所では、弁護士受任の場合に限り、裁判官と弁護士による面接（本人出頭は不要）だけで破産手続開始決定がなされる即日面接が実施されています（四六ページ参照）。

## 審尋では申立人が支払不能の状態にあるかどうかを調べる

自己破産するには、申立人（債務者）が債務の支払不能の状態にあるかどうかが問題となります。個人破産の破産原因は、支払不能の状態にあることだからです。したがって、審尋は支払不能の状態にあるかどうか、担当裁判官がこの判断をするために行われます。

この審尋は、通常一回程度ですみます。それは、破産申立関連書類を踏まえて行われるからです。したがって、破産手続開始申立時に提出する陳述書の中で、申立人の負債総額と収入状況と財産状態を明確にして、申立人が支払不能の状態にあることを明らかにしておくことが大切です。また、破産手続開始申立に至った経緯、現在の負債をかかえるに至った経緯を、年代を追って詳しく書いておけば、裁判官にも理解され易いでしょう。

審尋の後、支払不能の状態にあると判断されれば、破産手続開始決定と同時廃止決定（めぼしい財産がない場合）がなされます。そして、破産者は官報に公告され、公告されてから二週間が経過した段階で申立人の破産が確定します。

なお、申立人（債務者）にめぼしい財産がある場合は、破産手続開始決定と同時に破産管財人（通常、弁護士）が選任されます。その後、この管財人の手で債務者の財産は処分・換金されて、債権者に債権額に応じて、公平に分配されます。

**ポイント**　審尋は申立人が支払不能の状態にあるかどうかを判断するためになされる。

破産手続開始の決定❶

# 8 支払不能と認められれば破産手続開始の決定がなされる

## 破産手続開始の決定は裁判所の審尋の日から数日して決定される

裁判所の審尋から数日後に、破産手続開始の決定がなされます。同時廃止の場合、破産手続開始と同時廃止の決定がでます。

この破産手続開始の決定は官報に公告され、この公告後二週間が経過すると確定します。財産がある場合には、破産管財人が選任され、債務者の財産は破産管財人の手に委ねられ、処分・換金されて債権者に分配されます。

破産者には、公私の資格制限などの不利益（五四ページ参照）などが生じます。しかし、破産手続開始後に新たに取得した財産の管理・処分は自由です。また、同時廃止の場合、公私の資格制限（弁護士になれないなど）があるだけで、破産手続開始時にもっていた財産の管理処分権もあります。

## 破産手続開始の決定がなされなくてもがっかりすることはない

破産手続開始が棄却される場合があります。これは、債務者が支払不能の状態にないと判断されたためです。この場合、弁護士に任意整理等の依頼をしてみてはいかがでしょうか。

なお、破産手続開始がなされても、免責の許可がなければ借金はなくなりません。

**ポイント** 破産手続開始の決定がなされると、申立債務者は破産者となる。

令和　　年（フ）第　　　号

決　　　定

本　籍　□□県□□市□□町□丁目□番□号

住　所　□□県□□市□□町□丁目□番□号

債務者　○　○　○　○

上記債務者の破産手続開始申立事件について、当裁判所は、つぎのとおり決定する。

主　　　文

債務者○○○○について破産手続きを開始する。

本件破産手続きは、これを廃止する。

理　　　由

債務者自ら破産手続開始を申し立てたので審理するに、債務者は、債権者約10名に対して、合計約800万円の債務を負担し、これが支払不能の財産状態にあり、かつ破産財団をもって破産手続の費用を償うに足りないことは、一見記録に徴して明白である。

よって、本件破産手続開始の申立は理由があるから、破産法第30条、第216条第1項を適用して主文のとおり決定する。

令和　年　月　日　　時

□□地方裁判所

裁判官　　　　　　　　　㊞

破産手続開始の決定❷

# 9 財産がある場合は破産手続きが開始する

## 破産手続開始決定以降の手続きは同時廃止の場合と異なる

同時廃止の場合、破産手続開始決定と同時に同時廃止の決定がなされ、破産手続きは終了します。しかし、同時廃止の決定がなされないときは、破産管財人が裁判所より選任（ほとんどが弁護士）され、破産手続きが開始します。

破産者の財産は、破産財団と呼ばれ、生活に必要な最小限度のものとして差押えを禁止されている物や債権（四三ページ参照）を除いて、破産者は管理・処分権を失います。ただし、破産手続開始決定後に取得した財産についての管理・処分は自由です。

破産者の財産は破産管財人の手で処分・換価され、各債権者に債権額に応じて平等に分配（配当）されます。その後、通常、債権者集会が招集され（されない場合もある）、計算報告が終わると、裁判所は破産終結の決定をして破産手続きは終了します。

破産者としては、破産手続きが破産管財人の手に委ねられたのですから、破産手続き上はほとんど何もすることはありません。ただし、自己所有の家などの場合、立ち退かなくてはなりません。いつ立ち退くかなどの問題については、破産管財人との打合せが必要です。また、破産者としての説明義務などの責任もあります。

## 少額管財手続きの進行要領

財産がある場合の自己破産手続きの概要は五〇ページで触れましたので、ここでは東京地方裁判所の個人管財手続きの概要を説明します（裁判所によって異なるので申立裁判所に確認のこと）。

東京地方裁判所の個人管財手続き（少額管財手続きともいう）の特徴は、代理人（弁護士）申立の場合に約二〇万円の予納金で申立を受理し、申立代理人と管財人との協働と連携で手続きの進行を図るというものです。個人管財手続きの対象は、管財人を付する必要のある自己破産申立事件で、負債総額の多寡および不動産所有の有無は問われません。

原則として二か月後に指定する第一回財産状況報告集会までに換価を終えるか、終局の目処が立てられるように、裁判所より申立代理人および管財人に協力の依頼がなされます。また、換価では、①残高二〇万円以下の預貯金、②見込額が二〇万円以下の生命保険解約返戻金、③処分見込額が二〇万円以下の自動車、④居住用家屋の敷金債権（二〇万円を超えるものであっても財団を構成しない）、⑤電話加入権、⑥支給見込額の八分の一相当額が二〇万円以下である退職債権等については、原則として、換金または取立てをしない扱いとされています。

なお、第一回財産状況報告集会では免責審尋期日も兼ねて行われますので、原則として、破産申立人本人の出頭も必要です。そして、その後、問題がなければ、免責許可の決定がなされることになります。

**ポイント**　破産手続開始の決定後、破産者の財産は破産管財人の手に委ねられる。

# 3 免責許可の決定と借金の免除・復権

## ■借金をなくすには破産手続開始の決定だけでなく免責許可の決定を得る必要がある

債務者が破産手続開始の申立をする主な理由は、借金をなくすためです。しかし、前章の手続きにより破産手続開始の決定がなされたとしても、借金の返済義務がなくなるわけではありません。破産手続開始の決定は、あくまで債務者が支払不能の状態にあり、破産者とする裁判所が決定したにすぎないのです。

したがって、債務者が借金をなくすには、さらに免責許可の決定をえて、それが確定しなければなりません。免責許可の決定・確定は以下の手順でなされます。

① 免責許可の申立（※債務者が申し立てる場合は、破産手続開始の申立により免責許可の申立もしたとみなされるので不要）
② 破産債権者の意見申述、裁判所による調査
③ 免責許可の決定
④ 免責許可の確定
⑤ 借金からの解放、復権（公私の資格制限が解かれる）

## 免責許可の申立のポイント

① 債務者が破産手続開始の申立をした場合には、原則として、この時に免責許可の申立があったものとみなされますので、免責許可の申立をする必要はありません。
② ①以外の場合（債権者による破産手続開始の申立、債務者による破産手続開始の申立で申立の際に免責許可の申立を同時にしないとした場合）には、個人である債務者は、破産手続開始の申立があった日から破産手続開始の決定が確定した日以後一月を経過する日までの間に、破産裁判所に対して免責許可の申立をしなければなりません。
③ 免責許可の申立をするには債権者名簿の提出が必要ですが、債務者による破産手続開始の申立で免責許可の申立をしたものとみなされる場合には、申立の際に提出した債権者一覧表が債権者名簿とみなされます。
④ 免責には、不許可事由があり、この事由に該当すると通常、免責は認められません。これは破産法二五二条に規定されています（詳細は次ページ参照）。
⑤ 免責許可申立の後、裁判所は破産管財人に免責についての調査および報告をさせ、破産管財人および破産債権者に意見を述べることができる期間を定めて意見を聞きます。必要があれば破産者を審尋し、資料の提出を求めたりします。
⑥ その後、裁判所は、免責の許可あるいは不許可の決定をします。免責不許可の場合は高等裁判所に即時抗告ができます。

# 1 免責は不許可事由がなければ認められる

## 免責不許可事由とは

裁判所は、調査の結果、破産者に免責不許可事由がなければ免責許可の決定をしなければなりません。破産法二五二条は免責許可の決定の要件等（免責不許可事由）について定めています。

①債権者を害する目的で、破産財団に属し、又は属すべき財産の隠匿、損壊、債権者に不利益な処分その他の破産財団の価値を不当に減少させる行為をしたこと。

②破産手続の開始を遅延させる目的で、著しく不利益な条件で債務を負担し、又は信用取引により商品を買い入れてこれを著しく不利益な条件で処分したこと。

③特定の債権者に対する債務について、当該債権者に特別の利益を与える目的又は他の債権者を害する目的で、担保の供与又は債務の消滅に関する行為であって、債務者の義務に属せず、又はその方法若しくは時期が債務者の義務に属しないものをしたこと。

④浪費又は賭博その他の射こう行為で著しく財産を減少させ、又は過大な債務を負担したこと。

⑤破産手続開始の申立があった日の一年前の日から破産手続開始の決定があった日までの間に、破産手続開始の原因となる事実があることを知りながら、当該事実がないと信じさせるため、詐術を用いて信用取引により財産を取得したこと。

⑥業務及び財産の状況に関する帳簿、書類その他の物件を隠滅し、偽装し、又は変造したこと。
⑦虚偽の債権者名簿を提出したこと。
⑧破産手続において裁判所が行う調査において、説明を拒み、又は虚偽の説明をしたこと。
⑨不正の手段により、破産管財人、保全管理人、破産管財人代理又は保全管理人代理の職務を妨害したこと。
⑩免責許可の決定が確定した日から七年以内に免責許可の申立があったこと。給与所得者等再生での再生計画が遂行された場合で、当該再生計画認可決定の確定から七年以内の申立、など。
⑪破産者の説明義務（四〇条一項一号）、破産者の重要財産開示義務（四一条）、又は免責調査についての協力義務（二五〇条二項）、その他この法律に定める義務に違反したこと。
ただし、こうした免責不許可事由に該当する場合であっても、裁判所は、破産手続開始の決定に至った経緯その他一切の事情を考慮して免責を許可することができます。

## 免責が不許可だと

ほとんどの場合、免責許可の決定がなされていますが、もし、免責が不許可になれば、破産者であるだけでなく、借金も残ります。この場合、免責不許可に対する抗告を高等裁判所にすることができます。また、弁護士に頼んで、任意整理をしてもらい、借金がなくなれば裁判所に申し立てて復権の決定をしてもらう方法があります。

**ポイント**　免責不許可事由がなければ、当然、免責される。

免責許可の申立❷

# 2 ギャンブルが原因の借金でも免責になる場合もある

## ギャンブルが原因で過大の借金をした場合は免責は認められない

ここでギャンブルが借金の原因だと免責許可の決定が得られないかどうかについても述べておくことにします。「浪費」や「賭博」などの「ギャンブル」行為によって著しく財産を減少させたり、過大な債務を負担をするに至ったときは、免責不許可事由（破産法二五二条一項四号）として一般的には免責不許可となります（前項参照）。

しかし、このような免責不許可事由に該当するか否かのケースでは、免責不許可にするかどうかの判断は裁判官の裁量に委ねられているといえます（破産法二五二条二項）。

## ギャンブルが原因の借金でも免責される場合がある

裁判例では、バーやキャバレー、ギャンブルなどの行為が浪費または射こう行為に該当するとしても「過大なる」債務を負担したことにはならないとして免責を許可したケースもあります。一般論でいえば、常識の範囲内でのギャンブルであれば、免責を受けられます。また、免責不許可事由に該当することを認めた上で、破産者の経済的更生を考慮して免責を許可したケースもあります。

さらに、免責当否の判断にあたって問題があるケースについては、浪費関係の場合で負債総額の一～二割を、賭博関係の場合では負債総額の二～三割を、詐欺関係ではそれ以上の任意弁済を勧告し、一部弁済を履行した場合に裁量的に免責を認めるというような運用を行っている裁判所もあります。

なお、税金など、免責になっても支払義務が残る非免責債務があります（左表参照）。

**ポイント**　免責不許可事由があるからといってあきらめることはない。

### 破産法二五三条（抜粋）――免責許可の決定の効力・非免責債権

一　租税等の請求権
二　破産者が悪意で加えた不法行為に基づく損害賠償請求権
三　破産者が故意又は重大な過失により加えた人の生命又は身体を害する不法行為に基づく損害賠償請求権
四　次に掲げる義務に係る請求権
　㋑　夫婦間の協力及び扶助の義務
　㋺　婚姻から生ずる費用の分担の義務
　㋩　子の監護に関する義務
　㋥　扶養の義務
　㋭　㋑～㋥に類する義務で契約に基づくもの
五　雇用関係に基づいて生じた使用人の請求権及び使用人の預り金の返還請求権
六　破産者が知りながら債権者名簿に記載しなかった請求権（破産手続開始の決定があったことを知っていた者の請求権は除く）
七　罰金等の請求権

免責の手続き❶

# 3 免責許可の申立の方法と費用・期間

## 免責許可の申立の方法

免責許可申立は、破産裁判所に書面を提出して行います。ただし、債務者自身が破産手続開始の申立をした自己破産の場合は、その際に免責許可の申立を同時にしない旨の意思表示がないときには免責許可の申立もしたとみなされ、この手続きは省略できます。

提出書類は、以下のとおりです。

①免責許可の申立書

②債権者名簿　破産手続開始申立時の債権者一覧表が債権者名簿とみなされ、これを採用することで、通常、提出は不要です。

## 免責許可申立の費用

免責許可申立の費用は、東京地方裁判所の場合でいいますと、同時廃止の場合、印紙代五〇〇円が必要なだけです。しかも破産手続開始申立時の予納金でまかなわれるので、新規の予納金や予納郵券は必要ありません。ただ、裁判所によっては、予納金や予納郵券を納めさせることもあるようです。詳細は免責許可の申立をする裁判所の窓口で聞いてください。

## 免責許可の申立の期間

免責許可申立は、破産手続開始の申立から破産手続開始の決定が確定した後一か月が経過するまでの間に申し立てる必要があります。ただし、自己破産では破産手続開始申立の際に、免責許可の申立もしたとみなされますので、新たに免責許可の申立をする必要はなく、自動的に免責手続きに移行します。なお、破産者は裁判所から免責の許可をするかどうかの判決に当たって考慮すべき事情についての調査のために必要な資料の提出を求められることがあります。

## 免責許可についての審尋

免責の申立後に、通常、裁判所での審尋が行われることになります。それに先だって、「免責に関する陳述書」の提出（免責申立と同時の場合もある）を求められることがあり、これが審尋の際の資料となりますが、この陳述書は、破産申立の際の陳述書を援用することで提出を不要としている裁判所がほとんどです。聞かれる内容は免責不許可事由に当たる借金がないかどうかが中心です。問題がなければ、すぐに終わります。

## 免責許可の決定までの期間

裁判所での免責に関する調査等が行われて、破産者の審尋が終われば一週間から一〇日後に免責許可に関する決定があります。免責許可の決定がなされ即時抗告がないと、免責許可の決定は確定し、免責の効力を生じます。つまり、債務者は借金から解放されます。

破産手続開始の申立から免責許可決定の確定まで、三〜六か月ぐらいを要します。

**ポイント**　スケジュールを整理しておくこと。

免責の手続き❷

# 4 免責許可の申立後はどうなるのか

## 免責許可の申立後の手続き

免責許可の手続きは、免責許可の申立によって進行しますので、早い時期に申し立てておいた方がよいでしょう。ただし、債務者が破産手続開始の申立をした場合には、免責許可の申立をしたとみなされますので、免責許可の申立は不要です。

申立後の手続きは、旧法下では、裁判所の破産者に対する審尋がありましたが、新破産法ではこの審尋の規定はなく任意化されています。東京地方裁判所などでは、審尋は続けていく方針です。新破産法は、免責手続きについては、裁判所は破産管財人に免責不許可事由の有無または免責許可の決定をするかどうかの判断に当たって考慮すべき事情について調査をさせ、その結果を報告させることができるとだけ規定しています。この場合、破産者は、裁判所が行う調査または破産管財人が行う調査に協力しなければなりません。

また、免責許可をすることの当否について、破産管財人および破産債権者が裁判所に対して意見を述べることができる期間を定めなければならないとしています。この意見陳述期間は裁判所が決定の後公告し、かつ、破産管財人および知られている破産債権者に通知しなければならないとされており、またこの期間は、公告が効力を生じた日から起算して一か月以上でなければなりません。この意見の申述では、免責不許可事由に該当する具体的な事実を明らかにしてしなければなりません。

　こうした手続きを経て、裁判所は免責許可あるいは不許可の決定をします。そして、免責許可の裁判（決定）に対して不服がある場合には、決定から二週間以内に高等裁判所に即時抗告をすることができます。

## 破産者は免責許可の申立で何をしなければならないか

　破産者は裁判所が行う調査あるいは破産管財人が行う免責に関する調査に協力しなければなりません（二五〇条二項）。具体的には、免責不許可事由の存在の有無あるいは免責を許可するかどうかの判断に当たって考慮すべき事情について調査のために必要な資料の提出を求められることがあります。

　こうした調査の後、問題がなければ、免責許可の決定がでることになります。旧法では、免責手続きについても破産者に対して審尋が行われるなど手続きが煩雑でしたが、新法では審尋は任意化され、この点も手続きが簡素化されています。

**ポイント**　免責許可の申立は、早めにする。

●破産事件の終局区分―令和5年全地方裁判所　（司法統計年報・民事行政編）

| 破産者 | 総数 | 破産手続終結 | | | | | 破産手続廃止 | | | | 棄却又は却下 | 取下げ | その他 |
|---|---|---|---|---|---|---|---|---|---|---|---|---|---|
| | | 総数 | 最後配当 | 簡易配当 | 同意配当 | その他 | 総数 | 同時廃止 | 異時廃止 | 同意廃止 | | | |
| 総数 | 74,325 | 5,978 | 383 | 5,405 | 182 | 8 | 66,908 | 43,069 | 23,838 | 1 | 119 | 1,080 | 240 |
| うち自己破産 | 73,868 | 5,847 | 349 | 5,315 | 177 | 6 | 66,680 | 43,023 | 23,656 | 1 | 107 | 1,000 | 234 |
| 自然人 | 68,389 | 4,531 | 146 | 4,225 | 152 | 8 | 62,571 | 43,068 | 19,502 | 1 | 95 | 986 | 206 |
| うち自己破産 | 68,106 | 4,459 | 131 | 4,173 | 149 | 6 | 62,414 | 43,022 | 19,391 | 1 | 92 | 941 | 200 |
| 法人・その他 | 5,936 | 1,447 | 237 | 1,180 | 30 | - | 4,337 | 1 | 4,336 | - | 24 | 94 | 34 |
| うち自己破産 | 5,762 | 1,388 | 218 | 1,142 | 28 | - | 4,266 | 1 | 4,265 | - | 15 | 59 | 34 |

免責の書式の作成❶

# 5 必要な場合「免責許可の申立書」を作成する

## 免責許可の申立が必要な場合の書き方

免責許可申立書はＡ４用紙を縦にして横書きで書きます。黒のボールペンか万年筆、ワープロを使用してもかまいません。裁判所に書式が用意されていると思われますので、それを利用するとよいでしょう。

免責許可申立書には五〇〇円の印紙を貼ります。ただし、前にも述べましたが、破産手続開始の申立と同時に免責許可の申立もする場合には、その際に申立手数料一〇〇〇円に加えて免責の分五〇〇円の計一五〇〇円の印紙を貼ります。また、地方裁判所によっては予納金や予納郵券が必要なところもありますので、裁判所の受付窓口で確認してください。

添付書類としては、債権者名簿が必要です。

債権者名簿は、各裁判所に定型の書式があると思われますので、これに記入してください。なお、先にも述べましたが、破産手続開始申立時に提出する債権者一覧表に変更がない場合には、これが債権者名簿とみなされますので提出は不要です。

必要書類については、裁判所の窓口で確認してください。

なお、前述したとおり、破産法の改正により、債務者が破産手続開始の申立をした場合には、その際、免責許可の申立もしたものとみなされますので、免責許可の申立は不要です。

### ▼免責許可申立書の添付書類

免責許可の申立には、添付書類として債権者名簿の提出が必要です（破産法二四八条三項）。ただし、破産手続開始の申立時に提出した債権者一覧表が債権者名簿とみなされますので、この場合は不要です。

債権者名簿にはつぎのことを記入します。

①　破産債権者の氏名
②　破産債権者の住所
③　破産債権の額
④　担保権の内容

### ⊠債権者名簿に偽りの記載や記載漏れがあるとき

破産者が虚偽の債権者名簿を提出すると、免責不許可事由にあたり、免責されないことになります（破産法二五二条一項七号）。

また、破産者が知っていながら債権者名簿に記載しなかったときには、その債権は非免責となります（破産法二五三条一項七号）。ただし、債権者が破産手続開始の決定があったことを知っていた場合は別です。

**ポイント**　友人や知人からの借金、保証債務についても忘れずに記載しましょう。

# 6 免責の許可が決定し確定すれば借金はなくなる

免責に関する決定❶

## 免責許可の決定・確定

免責の許可決定がなされると裁判所から破産者および債権者に免責決定の通知がなされます。そして、免責決定に対して不服の申立（即時抗告）がなければ、免責が確定し、免責の効力が生じることになります。

免責の効力は以下のとおりです。

① 破産者は一部の債務を除き、破産債権者に対する債務の支払義務がすべてなくなる。免責確定後も支払義務がなくならない一部の債務については、一一三ページを参照してください。

② 免責が確定すると、破産者の地位にあったものは当然に復権して破産者でなくなり、公私の資格制限からも解放されます。

なお、債権者（貸金業者など）は、債務者から返済してもらえないのですから、税務上の損金処理をすることになります。債権者がどのような処理をすればよいかについては、税務署で事前に相談するとよいでしょう。

**ポイント** 免責が確定すれば、借金の支払義務はなくなり破産者の不利益から解放される。

令和　年（モ）第□□□□号

（令和　年（フ）第□□号　令和　年　月　日午後１時破産手続開始決定）

決　　　定

本　籍　　　〇〇県〇〇市〇〇町〇〇
住　所　　　〇〇県〇〇市〇〇町〇〇
破産者　〇　〇　〇　〇

頭書事件につき、破産者から免責許可の申立があったので、当裁判所は、破産者を審尋し記録を審査したところ破産法第252条所定の免責不許可事由に該当する事実が認められないので、次のとおり決定する。

主　　　文

破産者　〇　〇　〇　〇　を免責する。

令和　年　月　日

〇〇地方裁判所

裁判官　　㊞

7

免責に関する決定❷

# 免責不許可になる場合もある

## 免責不許可の対策

免責が許可（一〇九ページ参照）されなければ、破産者としての身分から復権できず、その上、借金も残ったままです。この場合の対策としては、以下のことが考えられます。

① 高等裁判所へ免責不許可の決定に対して即時抗告を申し立てる。これは免責不許可の決定後、二週間以内に申し立てなければなりません（一一七ページ参照）。

② 任意整理をする。債権者は破産手続開始によって債権回収をあきらめているケースが多く、また、破産債権は損金処理（税務署に相談）できるメリットもあるので、任意整理も可能になります。任意整理で債務がなくなれば、破産裁判所に申し立てて復権することができます。

③ 自己破産の手続後、一〇年を経過すると自動的に復権します。ただし、借金は残ったままですので、任意整理が必要でしょう。また、詐欺破産で有罪になった場合は復権できません。

なお、裁判所の判断で免責不許可救済策として、借金の一部の弁済（新得財産からの任意積立・自主配当）を勧告し、同時廃止扱いとして免責を許可するなどのケースがあります。一部弁済の勧告が不合理と思う場合は、弁護士に相談するとよいでしょう。

**ポイント** 免責が不許可になれば、任意整理を検討する。

抗　　告　　状

令和　年　月　日

○○高等裁判所　御中

抗告人（破産者）○○○○　　㊞

住所 ○○県○○市○○町○丁目○番地○号(送達場所)

抗告人（破産者）○　○　○　○

上記の者についての○○地方裁判所令和□年（モ）第□□号免責申立事件（同裁判所令和□年（フ）第□□号破産事件）につき、同裁判所が令和□年□月□日になした下記決定は全部不服であるから抗告を申立てる。

記

1. 現決定の表示

主文　本件免責を許可しない。

2. 抗告の趣旨

⑴現決定を取り消す。

⑵抗告人を免責する。

との裁判を求める。

3. 抗告の理由

（以下理由を書く）

免責の確定❶

# 8 免責許可の決定が確定すると復権する

## 免責確定と復権

免責許可の決定に対して不服の申立（即時抗告）がないと免責は確定し、破産者は当然に復権します。

復権とは破産者でなかった状態に戻るということです。つまり、破産者ではなくなり、破産者としての不利益から解放されます。

免責許可決定が確定すれば、公私の資格制限（五四ページ以下参照）がなくなり、また、一度登録された「破産者名簿」から抹消され復権します。

## 免責確定と保証人

免責が確定すれば、破産者の債務はなくなりますが、破産者の保証人や連帯債務者は支払責任が残ります。また、破産者のために担保を提供している場合も同様です。

もし、保証人や連帯債務者に支払能力がない場合、この人たちも破産手続きをとる必要があるケースが出てきます。

## 免責の取消し

詐欺破産で有罪が確定すると、裁判所は破産債権者の申立により、あるいは職権で免責の取消しができます。また、免責が不正の方法によって得られた場合、一年以内に破産債権者の申立によって免責は取り消されることになります。

**ポイント**　復権すれば破産者でなかった状態に戻る。

### ●破産者の復権

**破産法二五五条（復権）**　破産者は次に掲げる事由のいずれかに該当する場合には、復権する。次条第一項の復権の決定が確定したときも同様とする。

一　免責許可の決定が確定したとき。

二　第二百十八条第一項の規定による破産手続廃止の決定が確定したとき。

三　再生計画認可の決定が確定したとき。

四　破産者が、破産手続開始の決定後、第二百六十五条の罪について有罪の確定判決を受けることなく十年を経過したとき。

2　前項の規定による復権の効果は、人の資格に関する法令の定めるところによる。

3　免責取消しの決定又は再生計画取消しの決定が確定したときは、第一項第一号又は第三号の規定による復権は、将来に向かってその効力を失う。

**破産法二五六条（復権の決定）**　破産者が弁済その他の方法により破産債権者に対する債務の全部についてその責任を免れたときには、破産裁判所は、破産者の申立により、復権の決定をしなければならない。

# ◆破産で罪にならないように注意しよう！

## ●破産申立人（破産者）が罪に問われる場合

破産では、財産を隠して破産したり、債権者を害する目的で財産を譲渡したりすることは許されません。

破産法は二六五条以下に、罰則を設けています。

①詐欺破産罪（二六五条）

破産手続開始の前後を問わず、債権者を害する目的で、以下の行為をした者は、債務者について破産手続開始が確定したときは、一〇年以下の懲役もしくは一〇〇〇万円以下の罰金またはこれらが併科されます。

(イ) 債務者の財産を隠匿し、または損壊する行為
(ロ) 債務者の財産の譲渡または債務の負担を仮装する行為
(ハ) 債務者の財産の現状を改変して、その価格を減損する行為
(ニ) 債務者の財産を不利益に処分し、または債権者に不利益な債務を債務者が負担する行為（この場合、情を知ってこの行為の相手方となった者も、破産手続開始の決定が確定したときは同様とする）

②その他の罪

(イ)　特定の債権者に対する担保の供与等の罪（二六六条）　五年以下の懲役もしくは五〇〇万円以下の罰金、またはこれらの併科

(ロ)　説明および検査の拒絶等の罪（二六八条）　三年以下の懲役もしくは三〇〇万円以下の罰金、またはこれらの併科

(ハ)　重要財産開示拒絶等の罪（二六九条）　三年以下の懲役もしくは三〇〇万円以下の罰金、またはこれらの併科

(ニ)　業務および財産の状況に関する物件の隠滅等の罪（二七〇条）　三年以下の懲役もしくは三〇〇万円以下の罰金、またはこれらの併科

## ●債権者（お金の貸主など）が罪に問われる場合

①　破産者等に対する面会強請等の罪（二七五条）

破産者（個人である破産者に限り、相続財産の破産者にあっては、相続人。以下同じ）またはその親族その他の者に破産債権（免責手続の終了後にあっては、免責された者に限る）を弁済させ、または破産債権につき破産者の親族その他の者に保証させる目的で、破産者またはその他の者に対し、面会を強請し、または強談威迫の行為をしてはなりません。

こうした行為をした者は、三年以下の懲役もしくは三〇〇万円以下の罰金、またはこれらが併科されます。

## ◆相続財産および相続人の破産

### 相続財産の破産

相続財産の破産とは、相続財産が債務超過の場合で、相続債権者、相続人などが破産の申立をして行います。

相続財産が明らかに債務超過である場合には、通常は、相続人は相続放棄の手続きをしますが、なぜ、相続財産の破産手続きがあるのでしょうか。

それは、相続放棄の手続きでは、次順位の相続人にその債務が相続され影響を及ぼすことになりますが、相続財産の破産ではそうしたことはなく、次順位の相続人との人間関係によっては破産手続きを選択したほうがよい場合もあります。

また、相続人が被相続人（死亡した人）の連帯保証人になっている場合、相続放棄だけでは問題は解決せず、破産手続きによる場合もあります。

### 相続人の破産

相続人の破産とは、相続人である債務者が破産の申立をすることをいいます。相続人は、債務超過である相続財産を相続して、相続人の破産の申立をすることもできます。被相続人の連帯保証人になっているときなどに、相続人の破産は活用できます。

この場合も、破産の要件である相続人が支払不能に陥っていることが必要で、態様としては、①相続人に固有の債務があり支払不能に陥った場合、②相続によって債務を承認したために支払不能に陥った場合、の二つがあります。

なお、相続人の破産では、破産手続開始決定の時に有する一切の財産で破産財団が形成されますが、その後に別の相続が開始した場合には、その相続財産は破産手続きには影響されず、相続人が取得することになります。

いずれにしろ、相続からみの破産では、手続きや債権関係が複雑ですので、専門家である弁護士に相談してください。

第3章

# 任意整理・特定調停・個人再生・過払金返還請求の活用と手続き

♣支払が困難な人（企業も可）を対象とした「特定調停法」が平成一二年二月一七日に施行されています。

　また、「民事再生法」が平成一二年四月一日から施行され、さらに改正が行われ、個人の再生手続きが創設されています（平成一三年四月一日施行）。

# ●借金苦からの脱出法は自己破産以外にもある

## ■借金苦からの脱出法は自己破産だけではない

借金整理の方法としては、自己破産以外にも、①任意整理（債権者との話合い）による方法、②特定調停による方法、③個人再生による方法、④過払金返還請求による方法があります。

### ▼任意整理による再生

任意整理は、債務者（借金をしている人）が債権者（貸主）と話し合い、減額や分割払いにより借金を弁済するというものです。債務者本人が交渉をする場合もありますが、弁護士や司法書士が代理人として債権者と交渉する場合が多いようです。

### ▼特定調停法による再生

従来、通常の調停による借金整理の方法がとられ、利息制限法による金利の見直しによる負債総額の減額や債務者の実情に応じた支払方法の変更などが行われていました。こうした調停制度を活用した借金整理の増加等に対応するために、支払不能に陥るおそれがある場合に限定して、民事調停の特例として特定調停法（特定債務等の調整の促進のための特定調停に関する法律）が誕生したといえます。

特定調停は個人・法人を問わず活用でき、このままでは返済を続けていくことが難しい場合に、債権者と返済方法などについて話し合って、生活や事業の立て直しを図るための手続きを定めています。

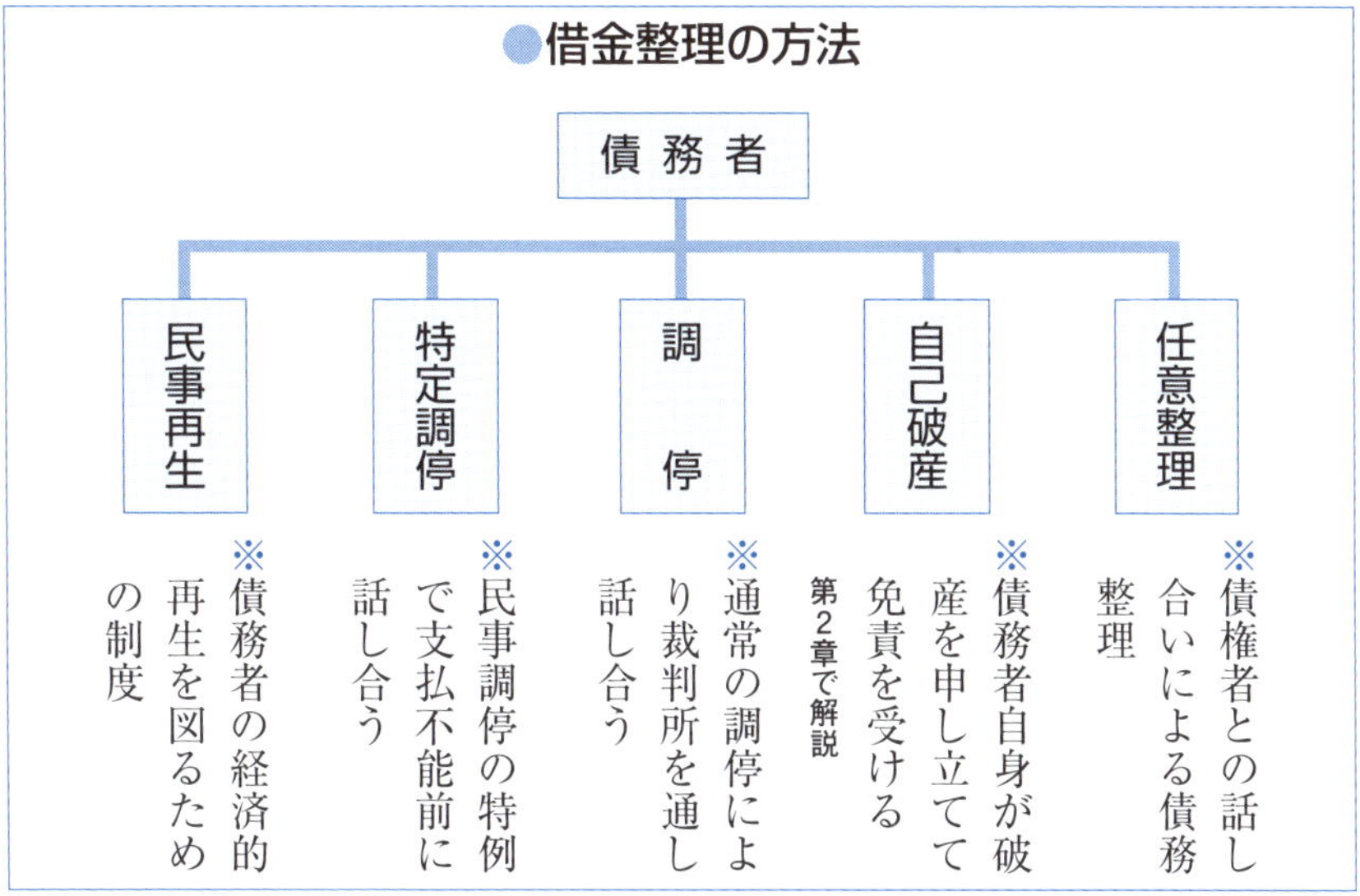


**▼民事再生法による再生**　経済的に窮境にある債務者について、その事業または経済生活の再生を合理的に図るために、民事再生法が平成一一年に誕生しました。

この民事再生法は法人も個人も利用することができますが、中小企業の再生が主な内容となっていたことから、個人を対象とした内容を盛り込む改正が行われ、個人再生手続きが平成一三年四月一日に施行されました（内容の詳細は後述）。

**▼過払金返還請求**　過払金返還請求は、今までに支払った利息制限法の制限金利を超える利息の支払分について、利息制限法の利率で計算し直して元本に充当していった結果、元本が完済になり、払い過ぎとなっている場合に、その分を返還請求できるというものです。これは、借金が無くなるだけでなく、お金が戻ってくるという嬉しいメリットがあります。

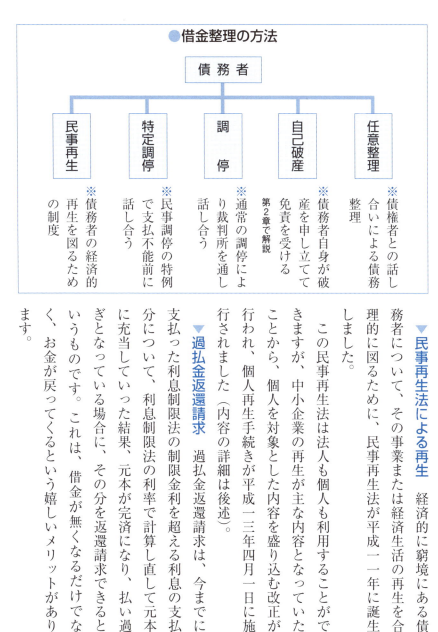

# 1 任意整理による借金整理法

## 任意整理の方法

任意整理は私的整理とも言われ、裁判所の関与なしに、債務者（借主）が債権者（貸主）と話し合って、双方が合意して行う債務整理です。債務者本人が債権者と話し合ってもなかなか合意がえられなかったり、債務者という立場が弱いことから交渉しづらいというのであれば、弁護士、司法書士に依頼して交渉をしてもらうとよいでしょう。

任意整理の方法については、これといった決まった方法はありません。どのような返済の提案をするかは決めておかなければ交渉になりません。つまり、借金の総額をいくら減額してもらうか、その減額した額をどう返済する（一括返済か月賦返済か）か、などです。

交渉の過程では、収入などの状況の説明も必要でしょうから、こうしたことも含め文章にしておくのがよいでしょう。具体的な交渉のしかたについては、左図および次項の「弁護士がおこなう任意整理の方法」を参照してください。

## なぜ、任意整理に業者は応じるのか

業者が任意整理に応じる理由は簡単で、以下のとおりです。

① 任意整理による話合いが決裂した場合、債務者が行う次の手続きは一般的には自己破産で

す。業者としては自己破産されたら、配当もほとんどない場合が多く、元も子もなくなるからです。

② 業者が争ってもしかたがないと思う場合です。これには過払金による借金整理や返還請求ができる場合があります。最高裁判所が利息制限法の上限金利までしか認めず、旧貸金業法で有効とされていた「みなし弁済（年利二九・二パーセント）」規定も法改正で削除されました。また、貸金業者側に貸金業法などの違反の疑いがあると、交渉しやすい場合があります。ただし、貸主が多かったりすると自分で交渉するのは大変です。また、本人では交渉しづらいようでしたら弁護士等に依頼するのがよいでしょう。弁護士等に依頼すると、貸金業者は取立てができなくなるというメリットがあります。

**ポイント** 交渉は弁護士に頼むのがベターです。

### ◆任意整理手続き

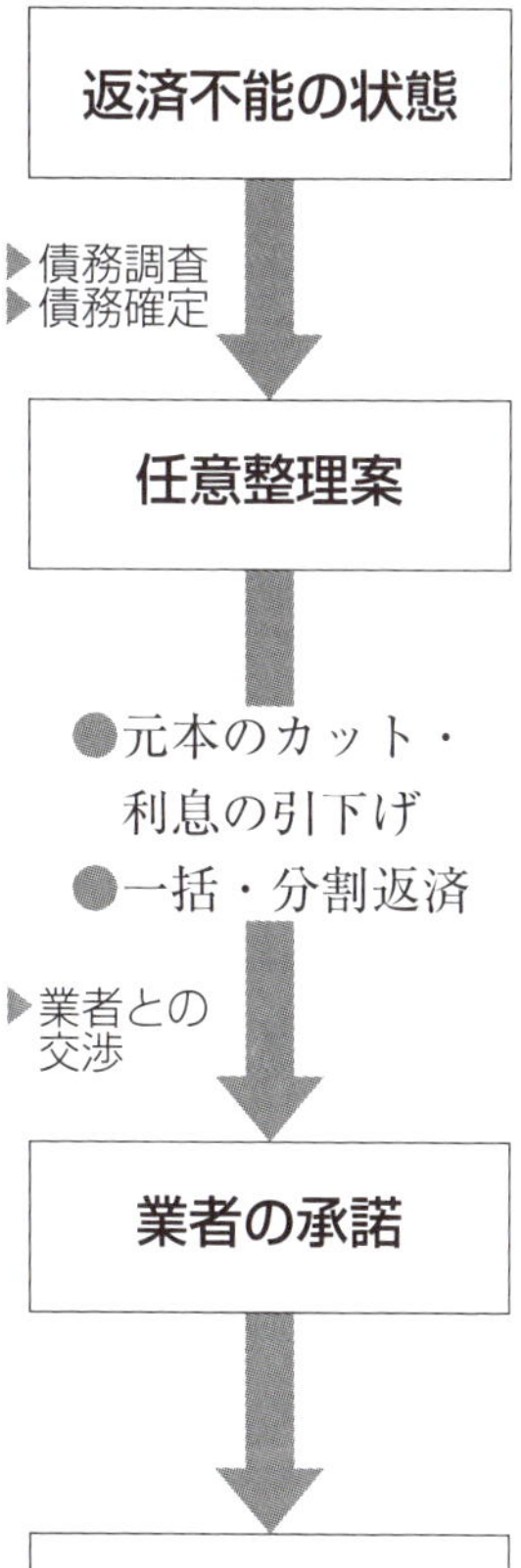


［ポイント］
- ・債務総額をいくらまでカットし、毎月いくら弁済するか決める
- ・業者との交渉は、借金先が多ければ弁護士等の専門家に頼むのがよい
- ・交渉は、各業者に対して同一条件で行うこと

借金整理の手続き❶

# 1 任意整理のしかたと手続き

## 弁護士がおこなう任意整理の方法

任意整理は、通常、前ページの図のように①債務調査、②債務確定、③整理案、④業者との交渉、⑤整理案に対する業者の同意・承諾、⑥弁済の開始、というような順序で行われます。

まず①の債務調査ですが、債務調査を行う前段階としてそれぞれの貸金業者・クレジット業者等からの借入金額、借入年月日、返済金額、返済年月日について、手許にある借用書、領収証、振込金受取書、などに基づき債務調査票を作成します。借用書や領収証などが手許にない場合には直接、各貸金業者・クレジット業者に債権調査票を送付して回答を求める方法で調査します。

つぎに、その債務調査結果に基づいて債務確定作業を行います。ここで利息制限法の利率を超える借金があれば利息制限法の利率で計算をして残債務を確定し、整理案を作成します。整理案は、一括弁済案か分割弁済案となります。親や兄弟・親戚などから援助が得られて、まとまった資金調達が可能な場合は、一括弁済案を作成します。それが困難なときには、毎月の収入より借主およびその家族の生活に必要な経費を差し引いて返済にあてることができる金額を確定します。これを返済原資として各業者の債権額に応じて毎月弁済していく分割弁済案を作成します。

弁済案は、債務者の収入や周囲の援助額などを勘案して柔軟な弁済案を作成していくことが必要です。あまり長期の分割弁済案ですと、すべての債権者の同意がとれなくなり任意整理が困難になります（三年〜五年程度が限界）。

## 整理案が作成され業者の承諾を得る

整理案が作成されれば、整理案を各業者に送付し、業者と交渉し、同意が得られたら弁済を開始します。通常は整理案を送付するとき、整理案に対する承諾書を同封し、消費者金融・クレジット業者が承諾書を返送してきたことを確認してから弁済を開始しています。

また、その場合に過払金の返還請求をするのか、過払金の返還請求を放棄して示談にするか債務者側の方針を伝える通知書も発送します。過払金の返還訴訟をすれば認められる可能性が高いとき、訴訟の手間を省くため、その取戻しはあきらめ借金完済（残債ゼロ）の限度で業者と折り合うケースもあります。その場合は、一切の借金がない旨の念書をとっておきます。

任意整理の弁護士費用は、弁護士会の法律相談センターの基準によれば、着手金二万円×債権者数（最低五万円）＋報酬金。現在、統一基準は廃止、各弁護士が定めます。

**ポイント**　任意整理は業者の承諾が必須条件。

### ●任意整理に要する費用

任意整理に要する費用は、相手との交渉・合意により決まりますが、一括弁済であればその額、分割弁済であればまず当初の返済分のお金が必要となります。

通常、債務者には返済のお金はありませんので、親や兄弟から工面することになります。工面できる金額に合わせて、返済をどうするかの検討も必要です。

なお、親や兄弟から借りたお金については、借用書を作成しておけば、贈与税が問題となることはないでしょう。

## 2 特定調停による借金整理法

★特定調停は、①支払不能に陥るおそれがある者、②事業の継続に支障を来すことなく弁済期にある債務の返済が困難である者、③債務超過に陥るおそれのある法人、が利用できます。申立手続き等については簡易裁判所の窓口で相談してください。

### 1 特定調停の申立

・申立先は相手の住所地の簡易裁判所
・事前に簡易裁判所に行って申立用紙をもらい、その際に手続き等の相談をするとよい。

### 2 調停の期日（出頭日）

・通常、二回程度の出頭ですみます。

〔調停内容〕

- 調停委員会（裁判官＋調停委員二名で構成）による双方の意見の調整がなされます。
- 残債務の確定
  利息制限法所定の上限金利で計算しなおします。
- 返済計画の検討
  通常、三年程度で毎月の返済額を決められます。

---

◆コメント

①申立書は、通常、簡易裁判所に用意されている。債務者が複数の場合、そちの一社（名）の住所地を管轄する裁判所に一括して申し立てればよい。

②添付書類は以下のとおり。
(1)特定調停の申立書
(2)関係権利者一覧表
(3)負債状況等調査表
(4)家族状況等調査表
(5)収支・支出の内訳
(6)資産状況調査表
(7)契約書・領収書の写し

合意 → 調停成立 → 調停調書作成 → 合意または決定に基づく返済

合意できず → 調停に代わる決定※ → 確定 → 合意または決定に基づく返済

合意できず → 調停不成立

※他の借金整理法を考える。「債務不存在の確認訴訟」「過払金の返還訴訟」もある。

※「調停に代わる決定」は、調停の結果から相当と考えられるときに、裁判所が適切と思われる返済方法を示す決定を出す場合をいいます。ただし、二週間以内に異議の申立があれば失効します。

**〔特定調停の実情〕**

令和五年度の特定調停の既済事件を見ると、総数二一一三件（全簡易裁判所）のうち調停成立が三五二件、不成立は一五〇件、調停に代わる決定が一〇八九件となっていて、平成一五年度の約五三万件から激減しています。

（司法統計年報・令和五年版）

---

(8)収入を証する書類

(9)不動産登記簿謄本（登記事項証明書）

添付書類は裁判所によって異なる場合があるので、必ず、事前に申し立てる裁判所で確認すること。

③申立書は、債権者ごとに作成する。

申立手数料として相手方（債権者）一社（名）ごとに収入印紙五〇〇円を申立書の所定の位置に貼る。このとき、消印はしないこと。

また、連絡通信費用として予納郵券（切手）が必要である。各裁判所によって異なるので、これも確認のこと。東京簡易裁判所は、相手方一名につき、五〇〇〇円分の郵便切手が必要。

④資料の作成は大変だが、根気強くおこなうこと。

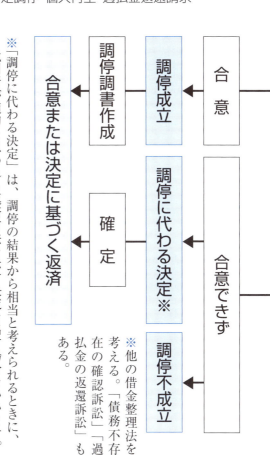

# 1 特定調停は支払不能に陥るおそれがあるときに活用できる

## 特定調停法はどんな手続きを定めているか

特定調停法は、支払不能に陥るおそれのある債務者（個人・法人）の経済的再生の手続きを定めたものです。民事調停法の特例で、債務者が負っている金銭債務についての利害関係の調整を目的とするものです。調停ですので、手続きも本人ででき、専門家（調停委員会）が中に入ってくれますので安心です。特定調停が通常の民事調停と異なり、特定債務者（特定調停の申立人）にとって有利な点は以下のとおりです。

① 民事執行手続きを無担保で停止できます（給与差押えも同様）。ただし、これは裁判所の裁量（判断）によるもので、必ず停止できるというものではありません。

② 調停委員会が特に必要があると認めるときは、貸金業者等に対して取引経過の開示を求めることができます。業者がこれに応じなければ、一〇万円以下の過料の制裁があります。特定債務者としては、貸金業者等の取引経過の文書提出を調停委員会に頼むことになります。

なお、特定調停の相手方（特定債権者）が複数のときは、債権者全員を相手方として特定調停を申し立てて、順次、調停を成立させるという運用がなされています。ただし、各裁判所によっては運用が異なる場合もありますので、特定調停の申立の際に受付で相談してください。

## 利息制限法による元本の減額

利息制限法所定の上限金利で見直して、債務を減額してくれる、また調停委員会が解決のための案を出してくれるなど、法律が分からなくても利用しやすい点にメリットを感じている人が多いようです。

特定調停で話合いがつけば合意した内容が記載された調停調書が作成されます。この調停調書は判決と同じ効力があり、合意した内容に従って返済しない場合には、相手方から強制執行を受けることがあります。また、調停で合意ができない場合には、自己破産などの方法で借金整理を考えることになります。

なお、特定調停は非常に多く利用されています。ただし、平成一五年度には約五四万件の申立があったのが、令和五年度の申立件数は二〇二九件と激減しています。改正貸金業法により利息の上限が利息制限法所定の金利とされたため利息の過払分による減額のメリットがなくなったためと思われます。特定調停申立の件数については下表を参照してください。

**ポイント**　特定調停は支払不能に陥るおそれのある者が利用。

●特定調停の申立件数（全簡易裁判所）

| 年度 | 申立件数 |
|---|---|
| 平成21年 | 5万5904件 |
| 平成22年 | 2万8213件 |
| 平成23年 | 1万1351件 |
| 平成24年 | 5492件 |
| 平成25年 | 3826件 |
| 平成26年 | 3358件 |
| 平成27年 | 3067件 |
| 平成28年 | 3084件 |
| 平成29年 | 3608件 |
| 平成30年 | 3294件 |
| 令和元年 | 2959件 |
| 令和2年 | 2403件 |
| 令和3年 | 2231件 |
| 令和4年 | 2569件 |
| 令和5年 | 2029件 |

# 2 特定調停による借金整理はどうなるのか

## 特定調停法による借金整理の仕方

特定調停では、簡易裁判所の調停委員会（裁判官一名、調停委員二名）が調停に当たります。

特定調停における基本的な借金整理の方法は、各債権者の債権について、利息制限法所定の上限金利に引き直して現在の債務額を算出し、残元金および未払いの利息・損害金を原則として三年間にわたって分割して返済するというものです。

返済分を過去の利息制限法所定の金利に引き直して計算すると、金利および借入年数等にもよりますが、残債務は大幅に減額され、場合によっては過払となっている場合もあります。計算方法については二二一〜二二三ページに掲載してありますので、実際に計算してみるとよいでしょう。

こうして計算した額を三年程度の分割で返済していくことになります。月々の返済額が収入から見て多く、返済が不可能なようなら、調停ですのでもう少し減額してくれるよう交渉できます。ただし、特定調停は、債権者（貸金業者など）との合意で成立しますので、相手が応じなければ不成立です。この場合、裁判所が調停に代わる決定を下す場合があります。

しかし、債権者にしても調停が成立せずに、破産手続きをとられた場合には、ほとんど返済される可能性がありませんので、話合いの余地があるのです。多くの場合、前記の一般的な方法による減額で決着しています（調停に代わる決定含む）。債権者にしてみれば、利息制限法所定の上限金利（年利一五％～二〇％）での支払でも、自己破産でひょっとしたら一銭も返済されないのではないかというリスクを考えると合意したほうがよいからです。考えてみれば、利息制限法は利息の上限（民事上）を定めたものであり、通常の金銭貸借では高金利なのです。

## 特定調停のメリット

特定調停法のメリットには、以下のものがあります。

①特定調停は申立費用も債権者一人（社）につき五〇〇円の手数料と予納郵券ですみます。

②貸金業者など債権者からの取立てが止みます。

②申立などの手続きで分からないことがあれば裁判所の書記官に聞けば教えてくれますし、調停の場では調停委員会が合意のために努力してくれます。したがって、法律に関して何も知らない人でも本人だけで対応ができます。ただし、書類の作成は、結構、大変です。

③特定調停は、個人・法人を問わず、このまま返済を続けることが困難な者が、債権者と裁判所を通して話し合い生活の建て直しを図る制度ですので、自己破産と異なり支払不能の状態になくてもよく、また借金の使途がどのようなものであったかは、原則、問われません。

④自己破産と異なり、破産者となることもなく、財産を手放すこともありません。ただし、借金が免責される自己破産と異なり、特定調停で合意した分の債務の返済は残ります。

**ポイント**　特定調停の申立をすれば取立ては止まり、借金は、通常、大幅に減額される。

# 3 特定調停の手続きは簡易裁判所に申し立てる

## 調停申立の手続きはどうなっているか

特定調停を申し立てることができるのは特定債務者です。特定債務者とは、「金銭債務を負っている者であって、支払不能に陥るおそれのあるもの、もしくは事業の継続に支障を来すことなく弁済期にある債務を弁済することが困難なもの、または債務超過に陥るおそれがある法人（特定調停法二条①）」をいいます。具体的には、借金の返済で困っている個人（住宅ローンを抱えて困っている個人も含む）や負債を抱えて困っている会社です。

特定調停の申立は、原則として相手方（債権者）の住所地を管轄する簡易裁判所に申し立てます。ただし、地方裁判所への裁量移送ができることになっていますが、これは各地の裁判所の取扱いによることになります。身元を明らかにする書類として住民票の写しを添付します。

また、特定調停の申立をする際に、「特定調停手続きにより調停を行うことを求める」旨の申述をする必要があります。具体的には、調停申立書にその旨を記載すればよいでしょう。また、毎月いくらぐらいの額なら支払えるのか、期限をどれくらい猶予してもらいたいかも示すことになります。申立書は簡易裁判所に用意されています。

## 申立の際に提出する資料

特定調停を申し立てるときには（やむを得ない事情があるときは申立後遅滞なく）、このままでは返済を続けていくことが難しいということを明らかにする以下のような資料が必要です。

①　資産の一覧表…不動産、自動車、預貯金など
②　債権者および担保権者の一覧表
③　生活の状況が分かるもの…給与明細、家計簿、通帳の写しなど
④　借入れの内容が分かるもの…契約書の写し
⑤　これまでの返済の内容が分かるもの…領収書などの写し

があります。この他にも資料提出を求められることがありますので指示に従ってください。

特定調停の申立費用には、申立手数料と予納郵券とがあります。

申立手数料は、五〇〇円×債権者（相手方）数です。

当事者の呼出しなどに使用する予納郵券は、各裁判所によって異なります。東京簡易裁判所の予納郵券は相手方一名（社）につき五〇〇円で、内訳は一〇〇円切手四枚、一〇円切手一〇枚となっています。

申立書の用紙や記載の仕方については、裁判所に用意されているところもありますので、事前に相談に行って受付で聞いてください。また、民事執行の停止の申立などについても受付で尋ねてください。

**ポイント**　申立には、資料（資産目録・債権者一覧表など）が必要。

▼特定調停申立書のサンプル（参考）

※書式は裁判所により異なり、変わる場合があります。

# 特 定 調 停 申 立 書

令和　〇〇年〇月〇日

〇　〇　簡 易 裁 判 所　御中

特定調停手続により調停を行うことを求めます。

| | |
|---|---|
| 申　立　人 | 住所（〒　〇〇〇－〇〇〇〇　）東京都〇〇区〇〇１丁目１番１号<br>(ﾌﾘｶﾞﾅ)　コウ　ノ　タロウ<br>氏名　甲　野　太　郎　㊞　（☎　〇〇－〇〇〇〇－〇〇〇〇）<br>（FAX〇〇－〇〇〇〇－〇〇〇〇）<br>（送達場所）　住所に同じ<br>（送達受取人）　申立人 |
| 相　手　方 | 住所（法人の場合は本店）（〒　〇〇〇－〇〇〇〇　）<br>東京都〇〇区〇〇５丁目５番５号<br>氏名（法人の場合は会社名・代表者名）（☎　〇〇－〇〇〇〇－〇〇〇〇）<br>（FAX〇〇－〇〇〇〇－〇〇〇〇）<br>株式会社△△クレジット<br>代表者代表取締役　乙　川　和　夫<br>（支店・営業所の所在地）（〒　〇〇〇－〇〇〇〇　）<br>東京都〇〇区〇〇７丁目８番９号<br>（☎　〇〇－〇〇〇〇－〇〇〇〇）<br>（FAX〇〇－〇〇〇〇－〇〇〇〇） |
| 申　立　て　の　趣　旨 | （該当の項目に〇を付けてください。）<br>① 債務額を確定したうえ債務支払方法を協定したい。<br>2　紛争の要点２の債務を負っていないことを確認する。 |

| | | | | |
|---|---|---|---|---|
| | 調停事項の価額　円<br>手　数　料　円 | | | 貼用印紙欄 |
| | ちょう用印紙 | 円 | 印 | |
| 受　付　印 | 予納郵便切手 | 円 | | |

## 紛争の要点

相手方　株式会社△△クレジット

1　債務の種類

☑ 借受金債務
☐ 保証債務（借受人氏名　　　　　　　　　　　　　）
☐ 立替金
☐ 求償金
☐ その他

2　借受金額等

| 契　約　日 | 借　受　金　額 | 利　息<br>年　％ | 損害金<br>年　％ | 備　　考 |
|---|---|---|---|---|
| 令和○○年○月○日 | ○○万円 | ○○ | ○○ | |
| 令和○○年○月○日 | ○○○万円 | ○○ | ○○ | |
| | | | | |

3　返済状況

| 期　　間 | 返済した金額 | 残　元　本 | 利息・<br>損害金<br>の残額 | 備　　考 |
|---|---|---|---|---|
| ○年○か月 | ○○万円 | ○○○万円 | ○○万円 | |

備考 ☐契約番号（　○○○○　　　　）　☐生年月日　大・(昭)　○○年○月○日

添付書類

☑契約書（写）　　☑領収書（写）

☐その他

# 特定債務者の資料等（一般個人用）

1　申立人の資産等

（1）　資産

（2）　負債

紛争の要点2及び関係権利者一覧表記載のとおり

（3）　その他の財産の状況

2　申立人の生活状況

（1）　職業

勤務先の名称　　TEL（　　　）

（2）　月収（手取）

（3）　その他

| | 氏　　名 | 続　柄 | 職　　業 | 月収（手取） | 同・別居 |
|---|---|---|---|---|---|
| 家族の状況 | | | | | |
| | | | | | |
| | | | | | |
| | | | | | |
| | | | | | |
| | | | | | |
| | | | | | |

3　申立人の返済についての希望

毎月　　円位

令和　年（特ノ）第　　号～第　　号

## 関係権利者一覧表

申立人＿＿＿＿＿＿＿＿＿＿

| 番号 | 氏名又は名称<br>住所 | 債権の発生原因・内容<br>年月日 | 金額 | 残高 | 担保権の発生原因・内容 |
|---|---|---|---|---|---|
| 1 | | | | | |
| 2 | | | | | |
| 3 | | | | | |
| 4 | | | | | |
| 5 | | | | | |
| 6 | | | | | |
| 7 | | | | | |
| 8 | | | | | |
| 9 | | | | | |
| 10 | | | | | |
| 11 | | | | | |
| 12 | | | | | |
| 13 | | | | | |
| 14 | | | | | |

# 4 特定調停の申立後の手続きはどうなるのか

## 裁判所による調停がなされる

調停の申立をすると、二～三週間後に申し立てた簡易裁判所から調停期日の呼出状が送られてきます。この呼出しの通知を持って調停期日に出頭すると、調停委員会（裁判官および民間からの二名の調停委員で構成）において話し合いがなされます。

この調停期日は、最低二回はあり、特定調停の相手方が多い場合や話し合いがまとまらない場合には三回以降の調停が行われる場合もあります。特定調停の申立人は、その都度、裁判所に行くことになります。

第一回目の調停では、調停委員より、債務者（申立人）の生活の状況や今後の返済計画など調停委員が債権者（消費者金融など）と話し合う上で必要な事項について聞かれます。多くは特定調停の申立書に書いた事項の確認あるいは補足的な質問ですので、事実をそのまま答えればよいでしょう。

第二回目の調停では、通常、債権者（消費者金融などの担当者）を交えた話し合いとなります。話し合いといっても、調停委員が主導権をとりますので、口論するなどのことはなく、調停委員の案（調停条項案）にしたがって進行します。

裁判所からの呼出しに対して正当な理由なく出頭しないときには、五万円以下の科料の制裁があります。なお、ヤミ金融業者などが相手の場合は、調停の申立をすることが恐ろしいと思うかも知れませんが、法律違反の事実が判明することを恐れて、一切の債権債務がない旨の上申書を提出してくることもあるようです。

## 裁判所で話し合いがつけば、調停調書が作成される

特定調停の調停の内容については一三八ページですでに説明しましたが、調停委員会が示した調停案で話しがまとまれば、調停は成立です。調停が成立すると、調停調書が作成されます。これは、判決と同様の効力があり、調停で合意したとおりに返済しなければ、債権者は債務者の財産に対して強制執行をすることができます。したがって、合意するに際しては、その金額の返済が本当に可能かどうかを、再度、検討してください。

合意ができない場合は、調停は不成立ということになります。ただし、裁判所は、調停委員会の意見を聞き、調停の結果から相当と考えられるときに「調停に代わる決定」を出すことができます。特定調停の終局結果を見てみますと、この「調停に代わる決定」が半数以上を占めています。その「調停に代わる決定」は、異議の申立があれば失効します。ただし、異議が出るケースはさして多くないようです。なお、調停が不調に終わった場合には、任意整理や自己破産など他の方法による借金の整理を検討することになります。

**ポイント**　特定調停における調停では、調停委員が合意のための案を出してくれる。

# 3 民事（個人）再生による借金整理法

★民事（個人）再生の目的は、経済的に窮境にある債務者について、その債権者の多数の同意を得、かつ、裁判所の許可を受けた再生計画を定めること等により、当該債務者とその債権者との間の民事上の権利関係を適切に調整し、もって当該債務者の事業または経済生活の再生を図ることを目的とする（民事再生法一条）。

## 1 経済的に窮境にある債務者（民事再生）

**会社・個人**

・債務者に破産（支払不能）の事実が生ずるおそれがあるとき
・債務者が事業の継続に著しい支障を来すことなく弁済期にある債務を弁済できないとき

**個人再生**

個人債務者のうち、将来において継続的にまたは反覆して収入を得る見込みがあり、かつ、再生債権の総額が五〇〇〇万円（住宅資金貸付債権の額、別除権の行使によって弁済が見込まれる再生債権の額および再生手続開始前の罰金等の額を除く）を超えない場合

上記の小規模個人再生ができる人のうち、給与またはこれに類する定期的な収入を得る見込みがある者でかつ、その額の変動の幅が小さいと見込まれる場合

◆コメント

①民事再生は、破産せずに経済的な建て直しを図る場合に利用できます。最も利用のメリットがあるのは、住宅ローンがある場合に、住宅を手放すことなく再生できる点です。

②債務者で最も関心があるのは返済計画でしょう。返済額については、最低弁済額があり、これをクリアする再生計画案でないと認可されません。

▼**小規模個人再生の最低弁済額**

下記の⑴⑵のうち、多い金額が最低弁済額

⑴負債額に応じた次の金額

・負債一〇〇万円未満
　…負債全額

・負債一〇〇万円以上五〇〇万円未満
　…一〇〇万円

## 2 地方裁判所に申立（民事再生手続開始の申立）

**●一般の民事再生手続**

再生計画案の提出 ← 再生計画案の決議など ← 再生計画の認可 ← 再生計画の実行

＋

**●小規模個人再生手続き**

再生計画案の提出 ← 再生計画案の決議（書面）など ← 再生計画の認可 ← 再生計画の実行

※最低弁済額は下欄

＋

**●給与所得者等再生手続き**

再生計画案の提出 ← 再生計画案（意見聴取） ← 再生計画の認可 ← 再生計画の実行

※最低弁済額は下欄

＋

## 3 住宅ローンのある人

**〔住宅資金貸付債権に関する特則〕**

具体的には、住宅資金特別条項を定めた再生計画案を提出します。ただし、住宅資金貸付債権の減免はなく（遅延損害金については減免を受けることができる場合がある）、最終弁済期の延長、元本の一部弁済の猶予などが特別条項の内容となります。

---

・負債五〇〇万円以上一五〇〇万円未満　…負債の$\frac{1}{5}$
・負債一五〇〇万円以上三〇〇〇万円未満　…三〇〇万円
・負債三〇〇〇万円以上五〇〇〇万円未満　…負債の$\frac{1}{10}$
(2)債務者の財産を全て処分した場合に得られる金額

**▼給与所得者等再生の最低弁済額**

下記の(1)～(3)のうち、多い金額が最低弁済額となる。

(1)債務者の可処分所得の額（収入の合計額から所得税、社会保険料および政令で定められた必要生計費を引いた額）の二年分の金額
(2)負債額に応じた次の金額
・負債一〇〇万円未満　…負債全額
・負債一〇〇万円以上五〇〇万円未満　…一〇〇万円
・負債五〇〇万円以上一五〇〇万円未満　…負債の$\frac{1}{5}$
・負債一五〇〇万円以上三〇〇〇万円未満　…三〇〇万円
・負債三〇〇〇万円以上五〇〇〇万円未満　…負債の$\frac{1}{10}$
(3)債務者の財産を全て処分した場合に得られる金額

# 1 民事再生による借金整理の仕方

民事再生の手続き❶

## 民事再生法とはなにか

経済的に窮境にある債務者（法人も個人も）について、その事業または経済生活の再生を合理的かつ機能的に図るため、和議法（廃止）に代わって新たな再建型の倒産処理手続きを定めたのが民事再生法です。この一般の民事再生は窮境の状況（経営不振など）にある中小企業および事業者を主な対象とし、破綻前でも申立ができます。また、会社更生法と異なり、現在の経営者が経営を継続しながら再生ができる制度です。

## 個人再生手続きの誕生

平成一三年四月一日から改正民事再生法が施行されました。この改正では、「小規模個人再生」、「給与所得者等の再生」を定めた個人債務者を対象とする再生手続きの特則、および、住宅ローンの弁済の繰延べや元本の弁済の一部猶予などを内容とする「住宅資金貸付債権に関する特則」、が創設されました。

「住宅資金貸付債権に関する特則」の活用により、住宅を失うことなく再生の途が開けたことになります（ただし、手続きが廃止になり破産手続開始の決定がなされる場合があります）。

### ①小規模個人再生

この手続きができる人は、個人債務者のうち、将来において継続的にまたは反覆して収入を得る見込みがあり、かつ、再生債権の総額が五〇〇〇万円（住宅資金貸付債権の額、別除権の行使によって弁済が見込まれる再生債権の額および再生手続開始前の罰金等の額を除く）を超えない場合です。再生計画案の作成・決議・認可の確定を経て手続きは終了します。再生計画案は、最低弁済額（一五〇ページ下欄参照）をクリアする必要があります。

**②給与所得者等再生**　この手続きができる人は、前記①の小規模個人再生ができる人のうち、給与またはこれに類する定期的な収入を得る見込みがある者で、かつ、その額の変動の幅が小さいと見込まれる場合です。再生計画案の作成・意見聴取・認可の確定を経て手続きは終了します。この場合の再生計画案も、最低弁済額（一五一ページ下欄参照）をクリアする必要があります。

**③住宅資金貸付債権に関する特則**　住宅ローンの返済が滞ると、住宅資金貸付契約により期限の利益を喪失し、全額を返済しなければならず、設定した抵当権の実行等がなされることになります。こうした場合に、住宅資金貸付債権に関する特則を利用すると、抵当権の実行手続きは中止されます。この住宅資金貸付債権に関する特則の手続きは単独ではできず、一般の再生手続きや小規模個人再生手続き、給与所得者等再生手続きの申立とともにする必要があり、住宅資金特別条項を定めるという手続きで行います。この特則を利用した小規模個人再生が増加しています。

ちなみに、令和五年度の地方裁判所への申立件数は、①通常の民事再生九六件、②小規模個人再生八五五二件、③給与所得者等再生七一九件となっています。

**ポイント**　個人再生では破産することなく生活の立て直しが可能。

民事再生の手続き❷

# 2 小規模個人再生は負債が五〇〇〇万円を超えない場合の手続き

## 小規模個人再生のポイント

小規模個人再生は負債額が五〇〇〇万円（住宅ローンなどの被担保債権は除く）を超えない自然人（個人）で、継続的にまたは反復して収入を得る見込みがある場合に適用されます。

通常の民事再生よりも費用も安く、以下の点で、簡易迅速な手続きとなっています。

① 手続き機関として、一般の民事再生手続きでは監督委員や調査委員の選任がありますが、小規模個人再生の場合にはこれはなく、必要な場合等に個人再生委員という機関が設けられます。

② 通常の民事再生で必要な債権確定手続きは行われません。原則として、申立時に債権者一覧表を提出させ、債権者等から異議がなければ、その債権額によって再生計画案の議決権を行使します。異議があれば、評価の申立てによって、その債権の存否・額が決まります。

③ 一般の民事再生手続きでは、再生計画決議のために債権者集会を開催する必要がありますが、小規模個人再生の場合には、決議は書面決議で行われ、不同意の議決権者の数が二分の一未満で、その額が二分の一以下であれば、再生計画は可決されたとみなされます。

小規模個人再生は、地方裁判所に民事再生手続き開始の申立をする際に、「小規模個人再生を行う」旨を申述します。その際に債権者一覧表などを提出します（手続き等の概略は左図を参照）。

なお、申立手数料一万円、予納金は弁護士申立＝一万二二六八円、本人申立て＝一九万二二六八円（本人申立てでは個人再生委員が選任されその費用が加わるため弁護士申立より一八万円高額）、予納郵券が一円切手一〇枚＋一〇円切手一〇枚＋八二円切手一〇枚（小計九三〇円）＋（債権者数×二×二〇円）＋（債権者数×二×一二〇円）必要です（東京地方裁判所）。住宅資金特別条項を利用する場合は、別途費用がかかります。

**ポイント**　小規模個人再生手続きは民事再生手続きよりも簡易迅速となっている。

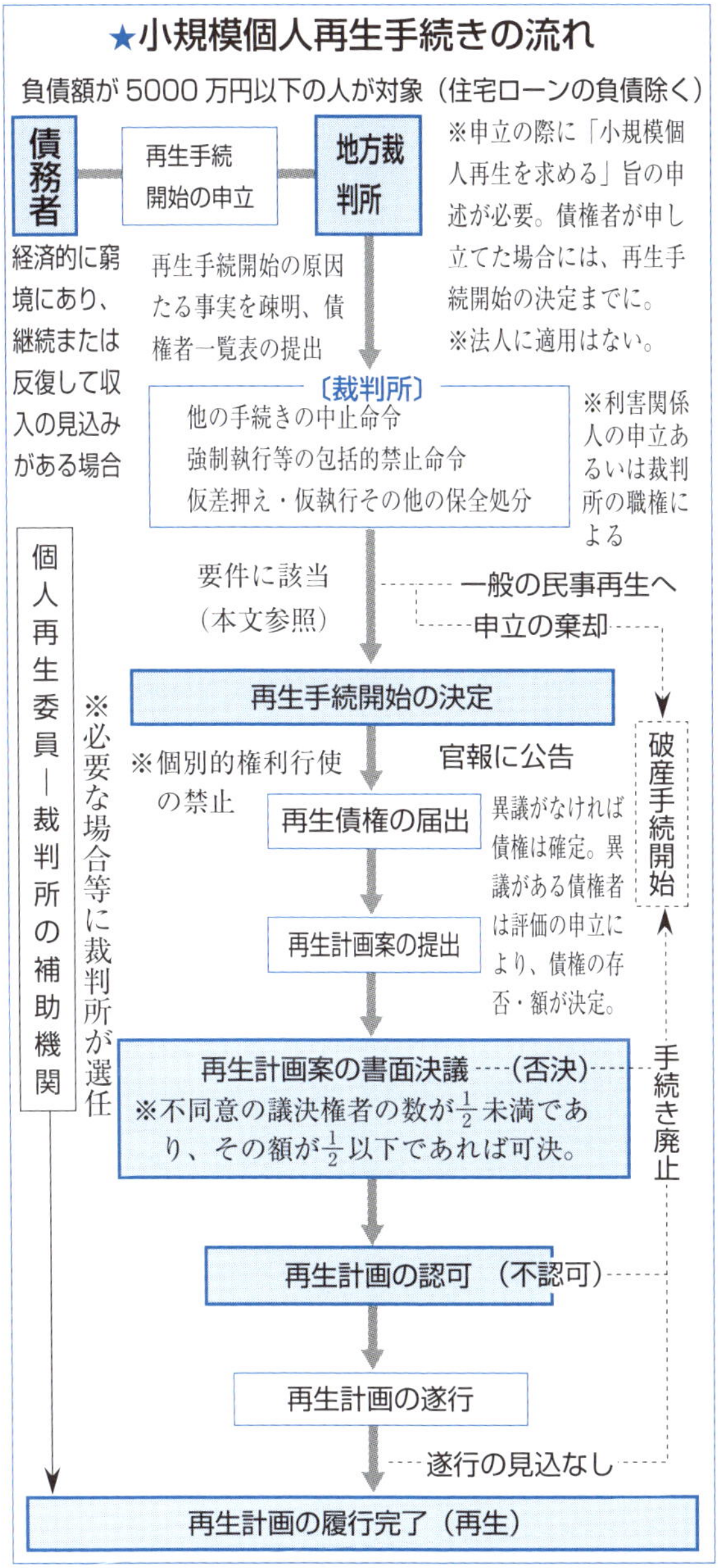

民事再生の手続き❸

# 3 小規模個人再生で再生計画案はどのような内容にするか

## 再生計画には一定の制約がある

裁判所に提出する再生計画案はどんな内容でもいいのかといえばそうではありません。再生計画は各債権者に平等なものでなければならず（例外あり）、再生計画には、①最長弁済期間と②最低弁済基準、③清算価値保障原則、の定めがあります。したがって、再生計画案もこれをクリアした内容で、かつ、債権者の書面による決議が得られる内容でなければなりません。

### ① 返済方法・返済期間についての制約（最長弁済期間）

返済方法は、弁済期が三か月に一回以上到来する分割払いによるとされています。

返済期間は、「原則として再生計画認可決定の確定の日から三年後の日の属する月中の日、特別な事情があるときは五年を超えない範囲内で三年後の日が属する月の翌月の初日以降の日」とされています。つまり、通常の場合には三年間、特別な場合には五年間で返済することが必要ということになります。ただし、債権者の同意があれば別です。

### ② 返済額についての制限

#### ㋑ 最低弁済基準

再生計画に基づく弁済の総額は、基準債権（別除権の行使によって返済を受けることができると見込まれる債権および劣後的な請求権を除く、無異議債権および評価済債権）の総額の五分の一または一〇〇万円のいずれか多い額を下回ってはならないことになっています。また、基準債権の総額が一五〇〇万円未満は三〇〇万円、三〇〇〇万円以上五〇〇〇万円未満は一〇分の一を超えていればよいことになっています。

要するに、一切弁済しないなどはダメで一定額以上を返済しなさいということです。なお、この返済総額には住宅ローンは含まれず、住宅ローンの返済は別途考える必要があります。

㋺　清算価値の保障　再生計画における総額が、仮に破産手続きが行われ配当が行われた場合の総額を下回るような場合には、民事再生手続きの不許可事由に該当し、再生計画が決議されたとしても不認可となります。つまり、破産の場合の配当よりも多く返済することが債権者の利益のために保障されています。再生計画が認可された後に下回ることが明らかになった場合も同様で、裁判所は債権者の申立によりその再生計画を取り消す決定をすることができます。

### 小規模個人再生をするかどうか

以上が小規模個人再生の再生計画についての規定ですが、では、これをクリアすればどんな再生計画案でもよいかといえば、そうでもありません。再生計画案は債権者の決議を要することから、債権者の理解を得るものであるというおのずからの制約はあります。また、返済額を返済能力以上に多くした場合、結局はその返済の遂行ができなくなる場合もあります。いくらの返済が可能かは十分検討する必要があります。

**ポイント**　小規模個人再生の手続きをするかどうかは専門家に相談するほうがよい。

民事再生の手続き❹

# 4 給与所得者等再生手続きはサラリーマン向き

## 給与所得者等再生のポイント

給与所得者等再生手続きが利用できる人は、前項で述べた小規模個人再生の要件に該当（住宅ローン等の被担保債権を除く負債が五〇〇〇万円を超えない等）する人のうち、給与または給与に類する定期的な収入を得る見込があり、かつその額の変動の幅が小さいと見込まれる場合です。給与所得者等再生は、民事再生の特則である小規模個人再生のさらに特則といえるものです。

給与所得者等再生が小規模個人再生と異なる主な点は、以下のとおりです。

① 再生計画の成立のための債権者の決議は不要で、裁判所の意見聴取でよい。

② 可処分所得に応じて最低弁済基準が定められている。

要するに給与所得などの安定収入の見込がある債務者は、その収入から最低生活費を引いた可処分所得に基づいた弁済計画案（最低弁済基準を満たす必要がある）を提出し、債権者の決議なしに裁判所の認可を得て再生する手続きということです。

給与所得者等再生は、地方裁判所に民事再生手続き開始の申立をする際「給与所得者等再生を行うことを求める」旨の申述をします（手続き等は、次ページ図を参照）。また、申立用紙は、裁判所で用意されていて、手数料一万円、予納金は弁護士申立てなら一万二二六八円（本人申立ては再生委員が選任され、その費用を一八万円加えた一九万二二六八円）、予納郵券が一円切手一〇枚＋一〇円切手一〇枚＋八二円切手一〇枚（小計九三〇円）＋（債権者数×二×二〇円）＋（債権者数×二×一二〇円）必要です（東京地方裁判所）。住宅資金特別条項を利用する場合は別途費用がかかります。

**ポイント**　給与所得者等再生では再生計画案の債権者による決議はなされない。

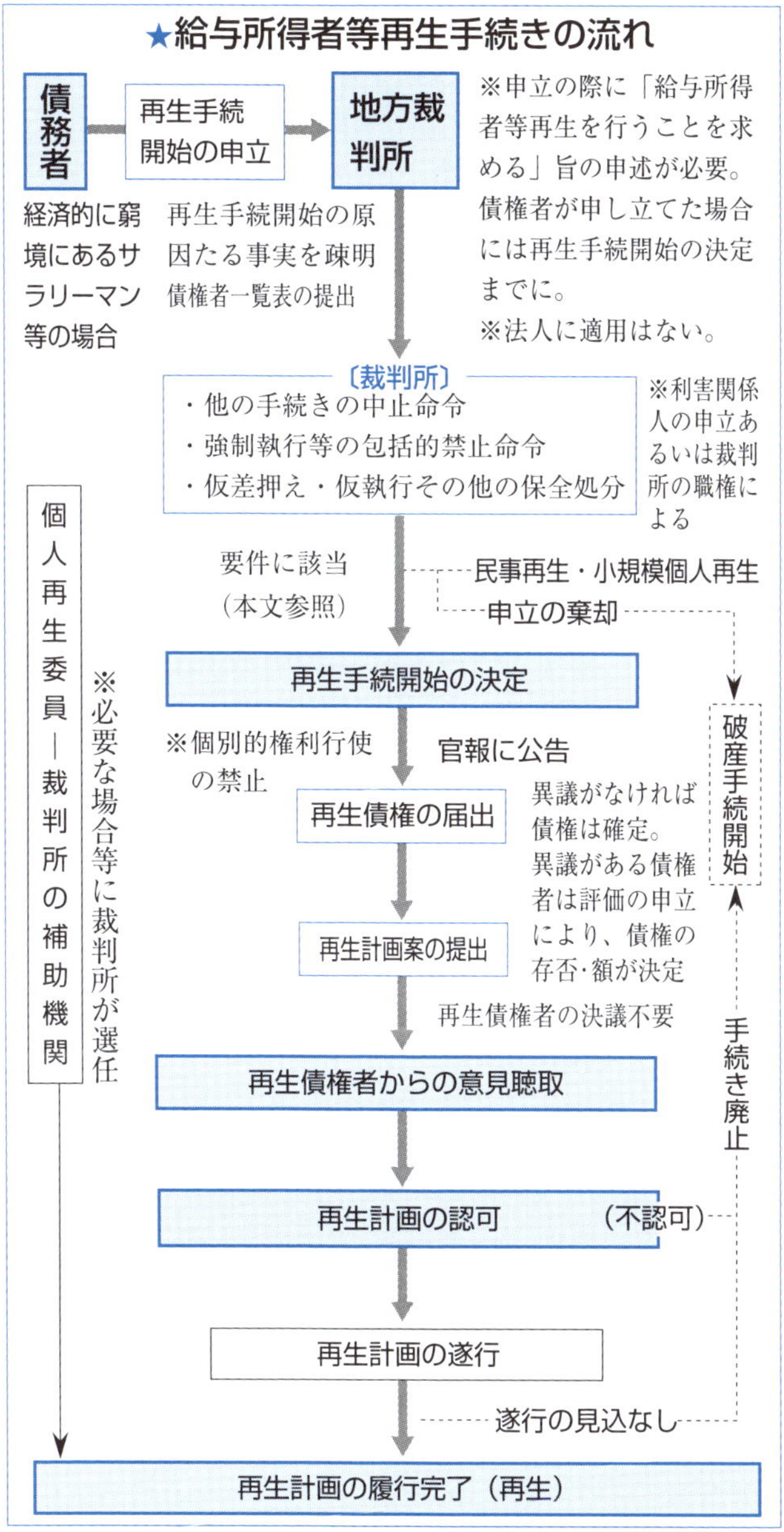

# 5 給与所得者等再生で再生計画案はどのような内容にするか

## 再生計画が不認可となる場合

給与所得者等再生では、再生計画案は債権者の決議を必要としません。法律で定められた以下の不認可事由がある場合を除いて、再生計画は成立することになります。

① 再生手続きまたは再生計画が法律の規定に違反しその不備を補正することができないとき
② 再生計画が遂行される見込がないとき
③ 再生計画が債権者の一般利益に反するとき
④ 給与所得者等再生の要件である給与所得者等に該当しないとき
⑤ 債務総額（住宅ローンなどは除く）が五〇〇〇万円を超えているとき
⑥ 再生計画の弁済額が小規模個人再生手続きの最低弁済基準額に達していないとき（最低弁済基準額は基準債権の総額の五分の一または一〇〇万円のいずれか多い額。また、基準債権の総額が一五〇〇万円超三〇〇〇万円以下は三〇〇万円、三〇〇〇万円超五〇〇〇万円以下は一〇分の一）
⑦ 申立前七年以内に給与所得者等再生の遂行や破産免責決定があったなどのとき
⑧ 可処分所得の弁済規定に違反しているとき

## 再生計画案作成のポイント

### ① 返済方法・返済期間（最長弁済期間）についての制約

これについては小規模個人再生手続きと同様です。返済期間は、通常の場合は三年間、特別な場合は五年間（弁済期間は三年間）で弁済します（債権者の同意があればもっと長期も可）。

### ② 返済総額についての制限

給与所得者等再生における最低の弁済基準額（返済総額）は、収入から最低生活費を差し引いた可処分所得の二年分ぐらいになります。原則は、「再生計画案の提出前二年間の再生債務者の収入の合計額からこれに対する所得税等（住民税・社会保険料含む）を控除した額を二で除して、その額から再生債務者およびその扶養を受けるべき者の最低限度の生活を維持するために必要な一年分の費用の額を控除した額に二を乗じた額以上」です。これには例外があり、就職先の変更等により年収について五分の一以上の変動があった場合は変動後の収入を基礎に、また転職の場合には転職後の収入を基礎として、これに対する所得税等を控除した額を一年分に換算して算出します。最低生活費は政令で定められることになっています。

また、この弁済額は小規模個人再生手続きが定めている基準（一五六ページ参照）をクリアしなければなりませんが、可処分所得の多い人は最低弁済基準を超えて支払うことになります。なお、この場合の返済総額には住宅ローンは含まれません。

**ポイント**　最低返済額はおおざっぱにいえば可処分所得の約二年分を三年間で返済する。

民事再生の手続き❻

# 6 住宅ローンの返済が困難な人には住宅資金貸付債権の特則がある

## 住宅資金貸付債権の特則とは

住宅ローンの返済が滞ると、通常は住宅に抵当権が設定されていますので、最終的には抵当権が実行され競売に付されます。このことは民事再生手続きや破産手続きでも同様で、抵当権は別除権（抵当権の目的となっている財産から他の債権者に先立って弁済を受けることができる権利）と言われ、原則としてこうした各手続きの制約は受けず、抵当権の実行ができます。

住宅資金貸付債権の特則は、ひとことで言えば、生活の基盤である住宅の確保を目的とする制度です。具体的には、再生計画の認可により競売はできなくなり、他の一般債権については減免を受けながら、住宅ローンについては弁済計画（減免はなし）に従い返済していきます。

## 再生計画とは別枠で住宅資金特別条項が定められる

民事再生手続きには、一般の民事再生手続き、小規模個人再生手続き、給与所得者等再生手続きがあることは前述したとおりですが、選択したこれらの手続きをするときに、別枠で住宅資金特別条項（後述）を定めた再生計画案を提出することにより、特別条項を含めた再生計画が裁判所の認可決定により成立します。

この特則が適用になる住宅資金貸付債権とは、住宅の建設、購入（土地または借地権の取得に必要な資金を含む）、住宅の改良に必要な資金で分割払いの定めがあり、抵当権が住宅に設定されているものとされています。また、抵当権の設定は住宅資金の抵当権の設定の場合に限られ、事業資金や消費者ローンの抵当権の設定の場合には適用されません。また、保証会社が代位弁済をしたときには、代位弁済日から六か月を経過する日までに再生手続き開始の申立が必要です。

**ポイント**　住宅ローンの返済をどうするかは、別枠で特別条項が定められる。

### ★住宅資金貸付債権がある場合の手続きの流れ

**債務者** → 再生手続開始の申立／住宅資金特別条項を定める旨を記載して提出 → **地方裁判所**

住宅ローンがあり、経済的に窮境にある場合

・住宅ローン等の支払が困難で、一般の民事再生、小規模個人再生、給与所得者等再生のどれかを利用する場合、別途、住宅資金特別条項を提出。
・保証会社が代位弁済をしたときは代位弁済日から６か月以内に申立が必要。

↓

**住宅資金特別条項案の内容**

・期限の利益を回復するための条項
・最終弁済期を延長する条項
・元本の一部の弁済を猶予する条項
――本文参照

↓ 保証会社などからの意見聴取

**裁判所の認可**

※住宅資金特別条項は、再生計画案の一部（別枠）として定められていますので、一般の民事再生、小規模個人再生、給与所得者等再生の認可決定により成立します。

〔注〕住宅ローン債権が免除になったり、減額されたりすることはありません。

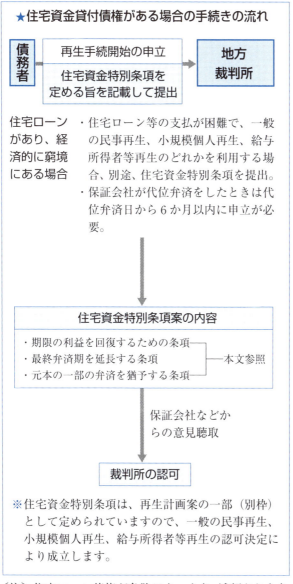

民事再生の手続き❼

# 7 住宅資金特別条項案はどのような内容にするか

## 住宅資金特別条項の内容に関する定め

住宅資金特別条項の内容については、法の定めがあり、これに該当しないと裁判所で認可してくれません。したがって、住宅資金特別条項案はこれに沿ったものでなければなりません。

### ①住宅資金特別条項の内容

「期限の利益を回復する内容」の特別条項　分割払いの支払が滞ると、利息分も含めて全額を直ちに支払わなければならない状態（期限の利益の喪失）になります。そこでこの条項では、喪失した期限の利益を回復する（分割払いを認める）内容となっています。

(1)再生計画認可の決定の確定時までに弁済期の到来する債権の元本およびその利息、損害金等については、その全額を住宅ローン以外の再生債権についての弁済期内に支払うこと。

(2)再生計画認可の決定の確定時までに弁済期の到来しない債権の元本およびその利息については、本来の弁済期間および金額に関する約定に従い支払うこと。

### ②「最終弁済期を延長」する特別条項

前記「期限の利益を回復する内容」の住宅資金特別条項を定めた再生計画を遂行することが著しく困難なときには、最終弁済期を延長した定めをすることができます。

⑴住宅資金特別条項による変更後の最終の弁済期が約定最終弁済期から一〇年を超えず、かつ、そのときの債務者の年齢が七〇歳を超えないこと。

⑵権利の変更を受ける者の同意がある場合には、最終の弁済期が約定最終弁済期から一〇年を超えて債務の期限を猶予することができること。

### ③「元本の一部の弁済を猶予」する特別条項

前記①「期限の利益を回復する内容」の住宅資金特別条項を定めた再生計画を遂行することが著しく困難で、かつ、前記「最終弁済期を延長」した住宅資金特別条項を定めた再生計画を遂行することも著しく困難である場合には、元本の一部の弁済を猶予した内容の特別条項を定めることができます。ただし、以下のような条件を満たす必要があります。

⑴元本弁済の猶予期間中は、元本猶予期間中の元本の約定利息を支払うこと。

⑵元本猶予期間後の元本およびこれに対する再生計画認可決定の確定後の利息については、元の住宅ローン契約に定められた弁済間隔や分割弁済額の基準におおむね沿うものであること、など

住宅資金特別条項についての定めの主なものは以上のとおりですが、住宅ローンの減免を受けることは原則としてありません。ただし、債権者の個別の書面による同意を得た場合には、遅延損害金について免除を受けることができます。

**ポイント**　住宅資金特別条項は支払の猶予が中心。

# 4 過払金の返還請求と借金整理法

## 過払金の発生と返還請求

利息制限法は、貸金の利息について、上限金利を設けて、それ以上の金利の部分は無効としています。そして、その上限金利を超えて支払った超過利息は、まず元本に充当され、充当された結果元本が完済となり、さらに余りがある場合は不当利得（民法七〇三条）として、過払分の返還請求を貸主（貸金業者）にできます。

では、どうしてこのようなことが起きるのでしょうか？

それは、貸金業者の利息は、利息制限法所定の利息よりも高かったからです。これは、旧貸金業規制法四三条で、借主が承知の上である（任意性）など一定の要件を満たす場合に、利息制限法の上限金利よりも高い金利であっても出資法規定の刑罰金利（二九・二％超）に違反しなければ有効とし、この金利で利息をとっていたからです（有効とみなす「みなし弁済」といいます）。

しかし、実際は貸金業者からの「みなし弁済」適用の主張は認められないため（最高裁判所も認めなかった）、貸金業者は、利息制限法に違反する高金利の利息を受け取っていたことになります。そのため、利息制限法の制限金利で計算をし直して、超過利息分を元本に充当し、それでも余りがあれば不当利得として過払金の返還請求をすることが可能となったのです。

## 「みなし弁済」が認められないとする最高裁判所の判例

旧貸金業規制法四三条の「みなし弁済」が適用されるためには、以下の厳格な要件を満たす必要がありました。

①貸付けの際に、貸金業規制法一七条に定める各種の記載事項のすべてを記載した契約書を交付していること

②返済金を受領する際に、貸金業規制法一八条に定める受取り証書を直ちに交付していること

③借主が、約定金利による利息を利息制限法の上限を超える利息と認識し、その利息を任意に支払ったこと

この要件を厳格に満たす貸金業者はほとんどなく、最高裁判所は平成一八年に「みなし弁済」を認めないとする判決を相次いで出しました。こうしたことから、多くの過払金の返還請求が行われ、貸金業者が返還しています。また、改正貸金業法が施行され、この「みなし弁済」規定そのものが削除され、利息制限法の規定がそのままに適用されています（平成二二年六月一八日施行）。

**ポイント**

利息制限法の制限金利以上の返済金は元本に充当され、余りがでれば返還請求。

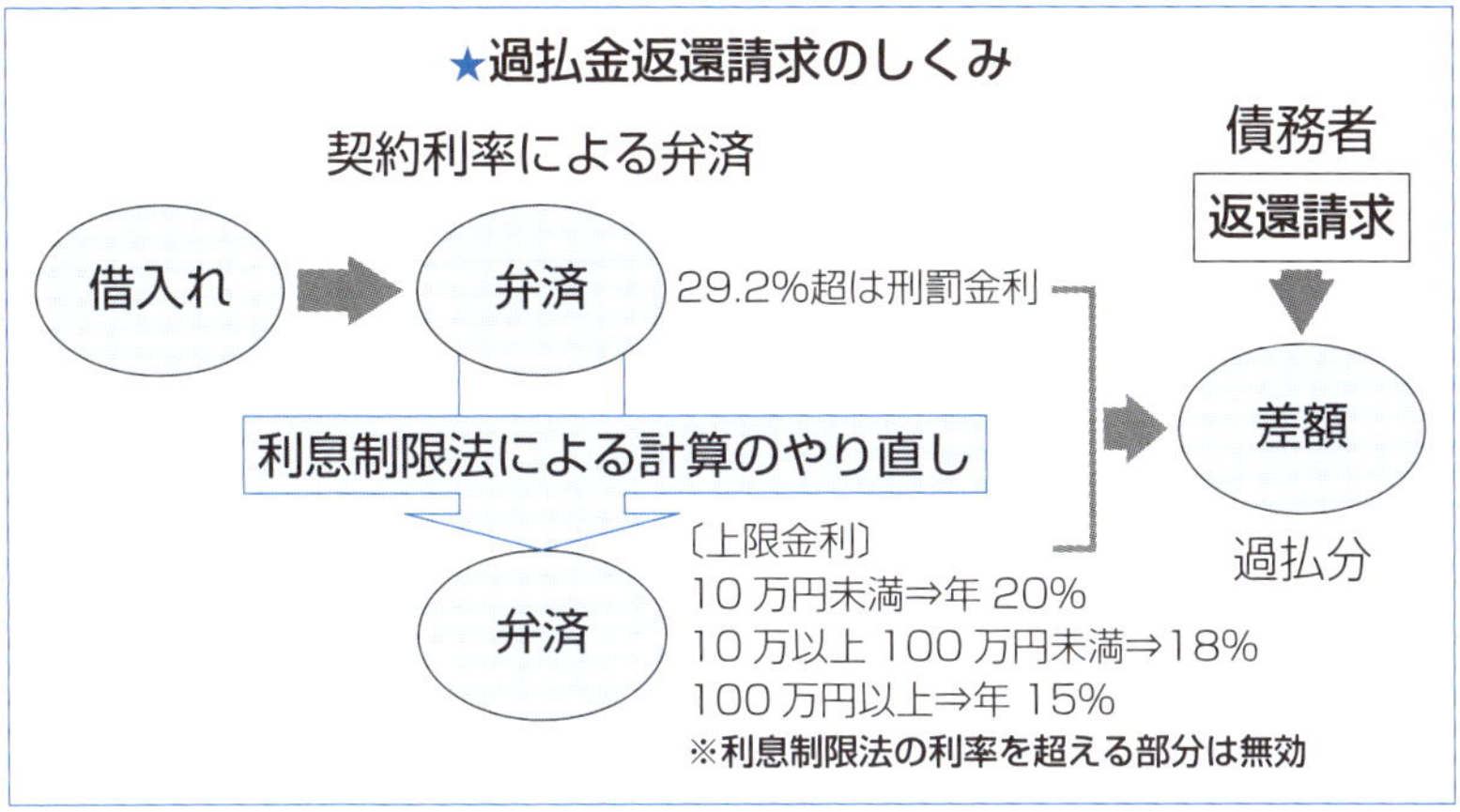

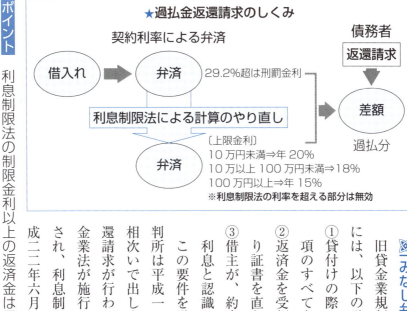

過払金返還請求❶

# 1 過払金の計算はどのようにするか

## 過払金の計算の仕方

過払金は、債務者の手元にある金銭消費貸借契約書（借用書）や領収書などに基づいて、利息制限法所定の制限利率で引き直して元利計算を行い、払い過ぎた分はまず元本の返済に充当し、元本の充当後に余り（過払金）があれば返還請求をします。なお、借入金や返済額などがわからない場合は、取引経過の開示請求ができます。

次ページ表として、計算事例を掲載しましたので参照してください。

実際に計算するとなると、複数の業者から借りていたり、返済日がまちまちであったり、領収書などの資料の一部を紛失していたりして大変です。複数の借入れの場合は業者ごとに、また、領収書などの紛失の場合は業者に問い合わせるなどして、丹念に計算してください。

最近では、計算ソフトがあるようですので、弁護士会の法律相談センターなどで相談してください。なお、計算した結果、債務がすでに完済されているのに返済の請求が続いている場合には、債務不存在の確認の調停あるいは訴訟を起こすこともできます。

## いつまでの期間の分を請求できるか

過払金去の返還請求は、民法上は不当利得返還請求（七〇三条）に当たり、その返還請求権は取引終了時から一〇年で消滅時効にかかります。つまり、令和五年三月末が取引終了日であれば返還請求権は令和一五年三月末日が終了した時点で時効にかかることになります。

整理すると以下のようになります。

①現在、返済中の人

過去の返済の全てについて、計算し直した結果、元本が完済され、過払分があれば、返還請求が可能です。

②すでに完済している人

最終返済から一〇年が経過していなければ、返還請求が可能です。借金は完済になっていますので、利息制限法超過分はまるまる請求ができます（判例）。

ただし、時効の起算点である取引の終了時については、取引の内容によって争いがあります。早急に、弁護士と相談してください。

**ポイント**　計算が難しければ専門家に。

### 〔過払金返還請求額の計算例〕

〔事例〕

・借入先　Ａ社
・借入年月日　平成 20 年 12 月 31 日
・借入元本　100 万円
・借入利率年利 29.2%（日歩 8 銭）
・支払日　毎月末・利息分のみの支払

| a<br>支払日 | b<br>日数 | c<br>支払額 | d<br>利息制限法<br>による利息 | e（c−d）<br>過払分 | f<br>（前月 f−e）<br>残元本 |
|---|---|---|---|---|---|
| 21.1.30 | 31 | 24,800 | 12,739 | 12,061 | 987,939 |
| 2.28 | 28 | 22.400 | 11,368 | 11,032 | 976,907 |
| 3.31 | 31 | 24,800 | 12,455 | 12,355 | 964,552 |
| 4.30 | 30 | 24,000 | 11,891 | 12,109 | 952,443 |
| 5.31 | 31 | 24,800 | 12,133 | 12,667 | 939,776 |
| 6.30 | 30 | 24,000 | 11,568 | 12,414 | 927,362 |

以下、このように計算を繰り返していきます。

## 2 過払金の返還請求はどのようにするか



### 過払金の返還請求の仕方

過払金を返還して欲しい場合、まずは貸金業者に返還請求をすることになります。貸金業者が、それに応じて支払えば、それで問題は解決ですが、なんだかんだと言って債務者本人が請求してもなかなか応じないこともあります。

というのは、過払金の返還請求においては請求する側が、返還金の額などを明確にしなければらないからです。こうした返還額の確定などでは、借主の資料だけでは不足する場合が多く、貸金業者の取引経過などの情報開示が必要で、これにもなかなか応じない業者もいるからです。過払金の額も利息制限法の金利でやり直すことになり、結構大変です。こうした請求上、難しい問題もありますので、弁護士などの専門家にまず相談して、できれば依頼した方がよいでしょう。

### 弁護士に依頼すればほとんどの場合、返還してくれる

弁護士は、過払金の返還請求の依頼を受けると、依頼人あるいは貸金業者から入手した開示資料に基づき、利息制限法の制限金利で引き直して計算をし、過払金の額を算出します。そして、業者に請求をし、交渉がまとまれば和解します。

**★過払金の返還請求の手続き**

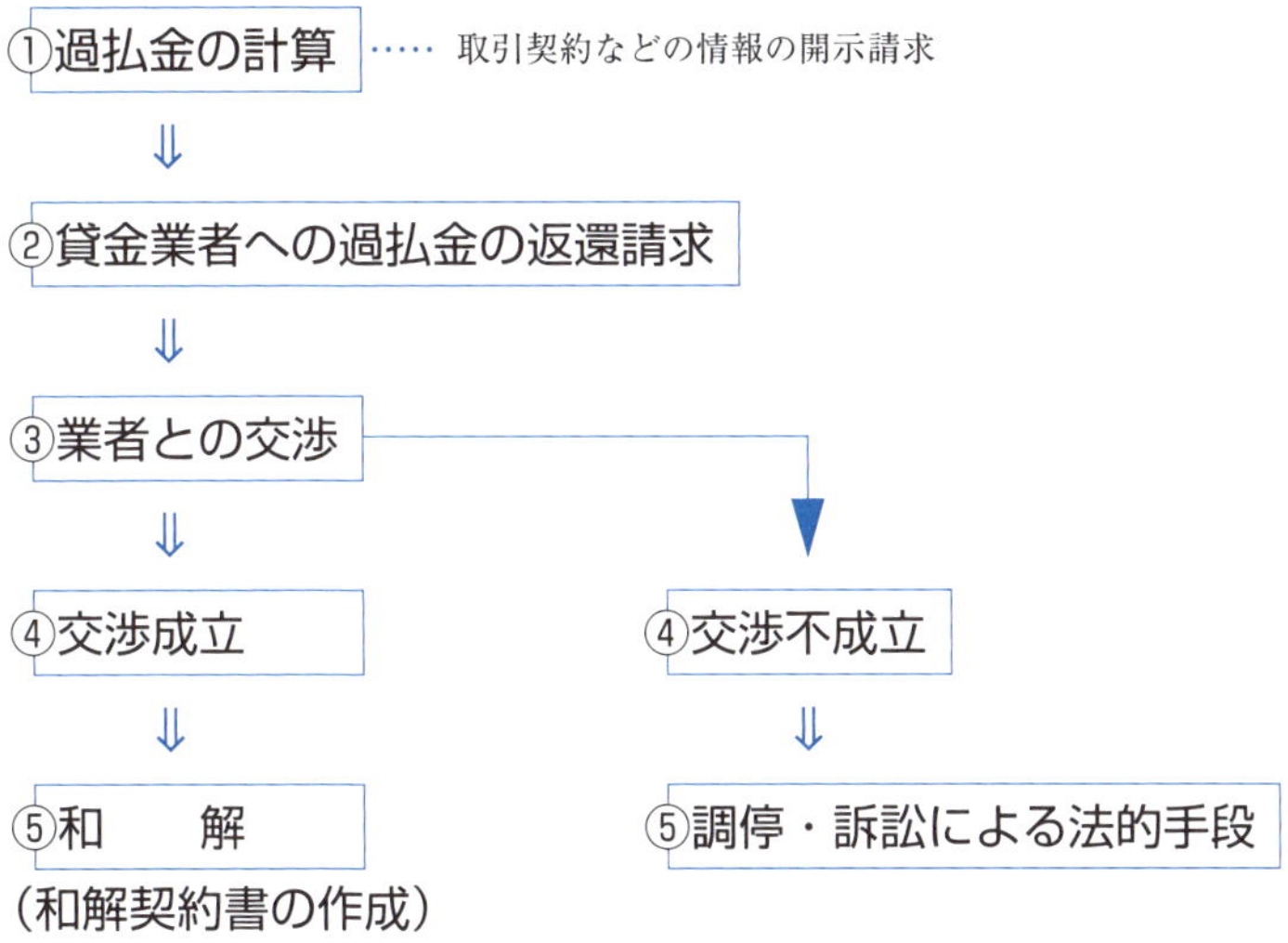


現在は、弁護士が依頼を受けて請求をすれば、多くの場合に返還されています。

貸金業者が過払金の返還請求に応じず、交渉がまとまらない場合は、調停（現実的には難しい）あるいは訴訟の手続きをすることになります。過払金返還請求の訴訟は、本人でもできないわけではありませんが、なかなか困難であり、なるべく弁護士に依頼した方がよいでしょう。

なお、過払金の返還請求では、過払金に利息を付けて請求できるか、あるいは弁護士費用を損害賠償として請求できるかの問題もあります。

こうした点については、法的判断が必要ですので、弁護士に相談してください。

**ポイント**　返還しない場合は、最終的には過払金の返還請求訴訟をする。

## 多重債務者と資金等の援助機関

### 日本司法支援センター（愛称「法テラス」）の扶助

日本司法支援センターは全国に50の地方事務所があります。

支援事業の内容は、①情報提供、②民事法律扶助、③司法過疎対策、④犯罪被害者支援、⑤国選弁護士関連、となっています。

また、②の民事法律扶助の内容は以下のとおりです。

①法律相談援助

金銭トラブル、債務整理などの法律全般の相談に応じてくれます（無料）。

②代理援助

弁護士に依頼する着手金等を立て替え、弁護士の紹介がなされます。

扶助を受けるためには、資力基準（一定額以下の月収）、免責の見込がある、また、立替金については、毎月分割で返済義務（生活保護受給者は月五〇〇〇円程度、その他は月二万円程度）があります。

③書類作成援助――本人で裁判を行う場合の司法書士あるいは弁護士が作成する書類費用の立替え

法テラス（コールセンター）

☎〇五七〇-〇七八三七四

### 生協の多重債務者への資金融資制度

借金の整理では、全借金を低利の融資で一本化することにより返済が楽になり、破産をしなくて済むケースも多くあります。

こうした人のために、多重債務者の民間救済機関「消費者信用生活協同組合」（岩手県など）では、借金整理に必要な融資を行っています。

手続きの概略は、申込み後にカウンセリングを受け、収入から必要生活費を差し引き返済額等の返済計画を策定。その結果をもとに弁護士が貸金業者と交渉し借金を減額し、融資により一括返済するというものです。

借金総額は減額した分だけ安くなり、金利も消費者金融よりもはるかに安いので破産せず再生ができるというものです。同組合の相談の予約は☎〇一二〇-一〇一-二四五（盛岡事務所・本部）です。

# 第4章

# 借金整理で起きる各種の問題の解決法

## Q&Aによる——

♣自己破産する場合、債務者はさまざまな問題に直面し悩んだりすることになります。
本章では、自己破産で起こりがちな問題をとりあげて解説しました。

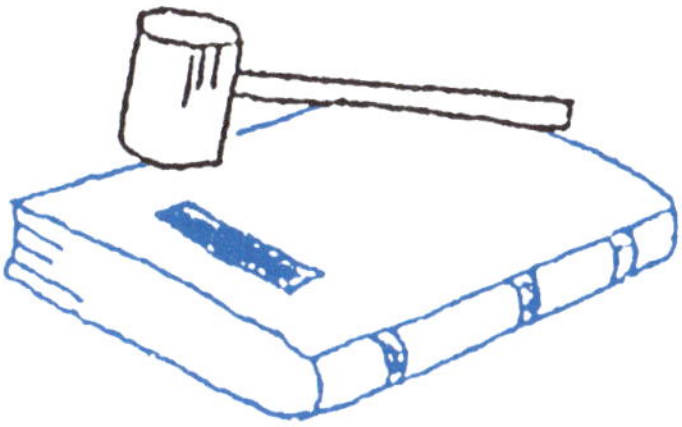

# 借金整理に関するさまざまなトラブル

## 借金整理は一生の大事です

お金を借りるのにも一苦労しますが、借金整理はもっと労力が必要です。借金の契約（金銭消費貸借）においては、貸主・借主の双方に損失はあませんが、借金整理においては貸主に損失が発生するからです。当然、貸主は借金整理されることを嫌がります。それでも、借金整理に応じるのは、最終的には債務者が一方的に行える自己破産という手段があるからです。

## 借金整理に関連するさまざまなトラブル

これには、①借金整理の考え方に関するトラブル、②借金整理で起きる各種のトラブル、③家族（配偶者や子など）を巻き込んでのトラブル、④日常生活や職場を巻き込んでのトラブル、⑤借金そのものをめぐるトラブル、⑥悪質取立てに関するトラブルなどがあります。

本章では、以上の順序に従い、Q＆A方式でトラブルとその解決法について簡潔に解説します。

## 借金整理は債務者の気持ち次第

借金整理は債務者が行うことであり、その他の人には借金の内容や当人がどれだけ借金で苦労しているかは本当のところはよく分かりません。したがって、借金整理をしようと思ったら債務者本人が強い意志を持つことです。そのためには、借金整理後の自分なりの生活のビジョン（日標）を持つとよいでしょう。とにかく貸主の取立てが怖くて、早く借金整理をしたいだけという場合などでは、借金整理後の生活などは考えられませんので、借金整理後に再びどうしようか考えなければなりません。こうしたことでは時間もエネルギーも必要以上にかかり、再び多重債務者にならないとも限りません。

また、借金整理では自分の味方（応援する人）を作りましょう。そういう人は意外と身の回りにいて、力になってくれますので勇気も湧きます。配偶者や親しい友人でもかまいません。そうした人がいない場合は専門家（弁護士など）に相談や依頼することをおすすめします。というのは、借金整理は自分ですることはできますが、その過程では他の人に世話になることも多いでしょうし、何より借金整理後に立ち直る勇気を与えてくれるからです。

## 解決できない問題はない

借金に関する出来事は、病気などと異なり、人為的なことです。したがって、こうした問題は人為的に解決できるのです。

借主への借金整理をすることに対する申し訳なさ、借金で生活が苦しいことに対する恐怖、取立てにおののく日々、こうしたさまざまなことが、借金整理を早急に解決することをためらわせます。しかし、とどのつまり債務者は借金整理をしなければならず、債権者にとっても当人にとっても早ければ早いほどよいのです。ためらいや勇気のなさが周囲の人を困惑させ、当人をも追い詰めるのです。いたずらに深刻にならず、一日も早く、誰かに相談することが重要です。

# 1 最近の借金整理についてのQ&A

## Q1 どんな場合にどのような借金整理法を選ぶか

借金整理には、自己破産の他にも任意整理や特定調停・民事再生があり要件が異なります。まず、任意整理はいかなる場合もできますが、裁判所が関与しない手続きであるため貸金業者等との交渉がまとまらない限り、借金整理はできません。また、特定調停は、支払不能に陥る恐れがある者、民事（個人）再生は経済的に窮境の状態にある債務者、自己破産は支払不能の場合ということになっています。債務整理する本人がどの困窮度にあるかを把握してください。

また、それぞれの債務整理の手続きには特長があります。自己破産は破綻型と言われ、借金は完全になくなりますが、資産もなくなります。住宅を手放さずに生活の再生をしたい人は民事再生がベターですし、自己破産には免責（復権）までの期間、資格制限があるので、弁護士や税理士など資格取得者や資格取得を目指す人はできれば他の手続きによるのがいいでしょう。年金額が少ないとか病気などで働けず借金の返済が困難な人は、自己破産をして生活保護を受けるなどの検討をしてください。

ただし、下手な整理をすると整理後も借金の返済に苦しむことになりますので、しっかりした再生計画を立てること、専門家（弁護士など）に相談することも重要です。

ちなみに最近の借金整理の状況（司法統計年報・令和五年度）は、自然人の自己破産の新受件数七万〇五八九件、特定調停二〇二九件、民事再生九三六七件などとなっています。一時のサラ金パニックと言われた時代からは減少していますがまだまだ多く、高止まりを続けている状態とも言えます。破産の原因は「生活苦・低所得」「病気・医療費」「事業資金」の順です。

## Q2　債務整理と共に生活の再建もしよう

借金等の債務整理は、生活苦からの脱出のための救済手段で、債務整理をすれば、その後の生活はバラ色というわけにはいきません。借金整理後にどのような生活再建をするかが重要です。

まず、なぜ、債務の整理をしなければならなくなったかの原因を検討し、その対策を考える必要があります。その原因が浪費やギャンブルなどによる場合は、二度とそんなことをしなければ生活再建は容易でしょうが、収入が少ないというのが借金の原因であれば、なかなかその対策を考えることは難しいでしょう。

若ければ、より収入の多い企業への転職や資格などを取得することによりキャリアアップをして収入を少しでも多くするなどの方法があります。併せて、特に高齢者の場合は、生活保護の給付を受けるなどの援助を検討してください。最低限の生活をまかなうための生活費の不足分や医療費などが支給されます。生活保護については市区町村役場などで相談してください。破産者であれば比較的容易に生活保護を受給できます。

## Q3 住宅ローンの破産は多い

住宅ローンの支払が大変で借金苦に陥る人は少なくありません。住宅ローンだけが原因というのではなく収入が少ないのに多額の住宅ローンを組んだり、会社の倒産や賃金の引き下げで返済ができなくなるなど複数の原因がある場合がほとんどです。

住宅ローンの債務整理は住宅を手放すかどうかによって法的処理が異なります。自己破産においては、住宅は売却され換金されて債権者に配当されます。民事（個人）再生では、再建計画で住宅取得資金条項を定めることにより、住宅を手放すことなく再建ができます（一六二ページ参照）。ただし、住宅ローンの額が減額されたり金利が低くなることはなく、返済期間の延長、返済の猶予があるのみです。なお、ローンの借入先銀行等と相談して返済期間の延長や返済の猶予、任意売却による債務整理の方法もあります。

生活費と住宅ローン返済金の合計額が収入を上回り、生活が苦しく、将来の住宅ローンの返済が困難と思われたら、各種の法律相談先で債務整理の相談をするのがよいでしょう。

## Q4 会社の倒産等による経営者の債務整理も多い

会社は半年間に不渡手形を二回出せば、銀行取引停止となり事実上倒産します。法的処理には、会社更生（再建型）、自己破産（清算型）、民事再生（再建型）、特別清算（清算型）があります。

こうした場合、経営者は通常であれば、会社の債務の責任を負うことはありません。しかし、経営者は会社の債務について保証人になっている場合が多く、この場合は保証人としての債務を負うことになります。例えば会社が破綻した場合、経営者が連帯保証人になっていれば、保証責任を問われ、会社に代わって弁済する義務が生じます。弁済することができる額でない（保証人の支払い能力を超える）場合には、経営者も自己破産することができます。

会社とともに経営者も自己破産する場合、事件としては会社と個人で別個ですが、実際の手続きは一つとして扱われます。そのため（引継）予納金が一件ですむメリットがあります。

## Q5　投資の損失による借金は免責不許可となる

破産法二五二条一項四号は、「浪費」や「ギャンブル」などの借金についての破産では免責不許可事由としています。では、最近は株式の投資ブームですが、ＦＸや信用売買による損失に伴う借金（負債）は破産ではどうなるのでしょうか。

結論から言えば、ＦＸや信用取引での株式投資の損失による借金は、免責不許可事由とされ、免責されないことになっています。ただし、裁判所（官）の判断で免責が認められる場合があります。破産制度は破綻状態にある債務者をできるだけ救済しようという制度だからです。

なお、借金がゼロになるわけではありませんが、個人（民事）再生という方法も利用できます。先物取引も同様です。破産につながるような投資は慎むことです。

# 2 自己破産できるかどうかのQ&A

## Q1 約二〇〇万円の少額借金でも自己破産できるか

自己破産の申立をするには破産原因、つまり支払不能の状態であることが必要です。支払不能であるかは債務者の財産、信用、労力、技能、年齢、性別、職業、給料などを総合的に判断して、ケース・バイ・ケースで認定されます。二〇〇万円という比較的少額の借金でも、生活保護以外に収入がなく、病気で働きにも出られないなどの事情があれば、支払不能ということになるでしょう。一〇〇万円の借金で免責がみとめられた裁判例も多くあります。

## Q2 ギャンブルによる借金でも自己破産できるか

ギャンブルによる借金は破産法に定める免責不許可事由にあげられています。しかし、ギャンブルによる直接の借金をきっかけにして、その返済や生活費のために消費者金融から借金を重ねて多額の負債を負うことになってしまった場合ならば、免責の可能性があります。具体的にギャンブルによる直接の借金がどの程度ならば免責が許可されるかは微妙な問題ですが、一応、一か月の生計費の三分の一を超えなければ免責が認められる可能性は高いといえます。

また、免責不許可事由にあたる場合であっても、破産法は破産者の反省、家族の状態などの情状によって裁量的に免責決定をすることを認めており、これにより免責されたケースも多数あります。また、一部免責という場合もあります（一一二ページ参照）。

## Q3 海外旅行やショッピングのカードの使いすぎでも自己破産できるか

海外旅行やショッピングにカードを使いすぎた場合、これが免責不許可事由の「浪費」にあたるでしょうか。「浪費」の基準を明確にするのは難しいのですが、一般的には不要不急の支出で一か月の生計費の三分の一以上にあたる場合が「浪費」と考えられています。ただ、たまたま一か月間だけこのような支出があっただけでは「浪費」にはならず、かなりの期間そのような支出を続けたか、短期間に債務額のかなりの割合を占める支出が行われ、現在の多額の負債との因果関係が認められる場合にはじめて「浪費」にあたることになります。

したがって、カードの使いすぎがそもそもの原因でも、その返済のために消費者金融から借金を重ねて多額の負債を負ったような場合ならば、免責不許可にはならないと思われます。

## Q4 保証人にも支払能力がない場合は自己破産できるか

たとえば、夫が借金をして妻が連帯保証人になった場合を考えてみましょう。この場合、夫に支払能力がなければ、連帯保証人である妻が借金の支払義務を負います。したがって、妻も支払能力がない場合は、自己破産する必要があるといえます。このことは、親が保証人になった場合や友人が保証人になった場合についても同様のことがいえます。

なお、夫婦や親子で自己破産する場合は、破産申立書類は別々に作成しますが、裁判所では一家族同時に手続きすることになるので裁判所の理解をえやすいし、また、弁護士に依頼する場合、書類を作成する上でも比較的簡便なので弁護士費用も割安になるでしょう。

## Q5 家族や婚約者に内緒で自己破産できるか

特に財産がなく同時廃止の手続きが認められる場合は、破産申立人が裁判所に行く回数は原則として破産手続開始決定のための審尋の時と免責許可の審尋の時の二回で、それ以外に破産申立人がしなければならないことはありませんし、破産の結果も官報に掲載されるだけですから、家族に内緒で自己破産することは可能です。しかし、破産手続開始申立後に家族に発覚した場合のことや、破産手続開始申立後、免責確定までの約半年間のあなたの気持ちを考えると、前もって家族にうちあけておいたほうが良い結果を招くのではないでしょうか。

また、婚約者がいる場合、結婚生活においてはお互いの信頼関係が大切ですから、結婚後に自己破産の事実がわかると離婚の問題にまで発展し、さらに大きなトラブルになりかねないので、やはり婚約者にもすべてをうちあけておくことをお勧めします。

## Q6 会社の破産で個人保証している社長は自己破産できるか

会社が破産しても社長が会社の債務をすべて個人保証している場合は、保証人である社長個人の債務はそのまま残るので、支払能力がない場合には社長個人の破産申立も同時に行う必要があります。会社の破産や会社経営者が破産をする場合は、財産の有無にかかわらず破産管財人を選任して、会社の財産状態、経理状態を審査します。そして、破産者の破産手続開始の決定時の財産が破産手続きを継続していく費用も出ないことが明らかになった場合は、債権者集会を招集し債権者の意見を聞いて、廃止決定を下します（異時廃止）。

破産手続きの費用が出るのであれば、破産管財人は破産手続きを進めていくことになります。

## Q7 外国籍の人の場合でも自己破産できるか

外国籍の人は、その人の母国が日本と同じような破産制度を取っていないかぎり、破産できないかのように旧破産法には規定されていました。

しかし、裁判所の現在の実務では、外国籍の人も日本人と同じように扱っているので問題はありません。すなわち、支払不能の状態にあって免責不許可事由に該当しなければ、外国籍の人も自己破産を申し立て、破産手続開始の決定・確定を経て、免責許可の決定を受けて債務から解放されます（破産法三条）。

## Q8 自己破産せずに毎月の支払の減額交渉をしたい

本来は、借りたときに約束した条件で返す義務を負っているのですから、条件を変える権利はないということが前提となりますが、返済をする誠意を示し、業者側でも理解を示してくれれば、毎月の返済の減額交渉は可能ですし、また、実際も認められた例はたくさんあります。

具体的には、まず、自分の置かれている窮状を数字で示すことが重要です。すなわち、自分の収入・資産・生活費の内訳・借金の総額とその内訳・毎月の支払うべき金額を整理して業者に示すことです。減額してもらう額は、ギリギリ返済できる額ではなく、少し余裕をもって確実に返済できるものにしてもらいましょう。

## Q9 不法行為によって発生した債務も免責されるか

破産法は、破産者が「悪意」によって加えた不法行為（他人の権利を侵害して損害を与えること）に基づいて発生した損害賠償債務については免責されない旨を規定しています（二五三条一項二号）。この「悪意」とは、積極的に損害を与えるつもりでという意味ですから、たとえば、わざと家屋に放火した場合の損害賠償債務については免責されませんが、不注意で家屋を燃やしてしまった場合の損害賠償債務については免責されます（非免責債権は一一三ページ参照）。

# 3 借金整理で家族への影響についてのQ&A

## Q1 自己破産すると子どもに影響はないか

自己破産による、子どもへの法律的な影響はまったくありません。つまり、親が破産することによって、子どもが進学できなくなったり、就職できなくなったり、結婚できなくなるなどということはありません。

また、破産したことは戸籍にはのりませんから、破産者が自分で言わないかぎり、他の人間にはわかりません。

むしろ、親が破産によって精神的に挫折してしまい、立ち直ることができなかった場合に、そのような親が子どもに与える影響こそ心配されます。

## Q2 夜逃げすると借金を免れることができるか

一家で夜逃げしたとしても、現在の貸金業者を見るかぎり、あらゆる手段で居場所を捜し出して追及してきます。また、法律的には、夜逃げしても借金の支払義務はなくなりません。したがって、夜逃げや蒸発などは借金問題の本質的な解決にはならないのです。

夜逃げをすることになれば、債権者に転居先を知られないために住民登録を残していくことになりますが、転居先で住民登録をしなければ、選挙権の行使、国民健康保険の適用、国民年金、児童手当の受給などについていろいろと支障があります。また、子どもの学校については、一応仮入学が認められているようですが、いずれ正式な住民登録をする必要があります。

ですから、一家で夜逃げをする前に、弁護士会や地方公共団体などの適当な相談を受けて、借金の整理そのものを図る必要があります。

## Q3 夫の死亡で相続人は借金を引く継ぐのか

夫が死亡した場合、相続（民法八九六条）によって妻や子供は自動的に夫の債務（借金など）を引きつぐことになります。夫の生存中は妻や子供は保証人や連帯保証人になっていなければ、債務の支払義務はありませんが、死亡した場合は、夫の債務を相続することになるのです。

しかし、相続を放棄することは相続人の自由です。したがって、夫が貸金業者から多額の借金をして死亡し他に財産もなく相続を放棄したい場合は、妻や子供は夫の死亡および債務の存在を知ったときから三か月以内に、家庭裁判所に対して相続放棄の申述をすれば夫の債務を免れることができます（民法九一五条・九三八条）。

相続放棄申述の手続きは比較的簡単です。わからないときは、家庭裁判所の家事手続相談（室）で聞いてください。なお、相続財産の破産、相続人の破産という手段もありますが、一般的ではありません。詳細については、一二八ページを参照してください。

## Q4 離婚して籍を抜けば夫の借金の責任はなくなるのか

結婚していても、妻自身が保証人や連帯保証人になっていない限り、妻は原則として夫の消費者金融などからの借金を支払う責任はありません。逆に、保証人や連帯保証人になっているのであれば、たとえ離婚したとしても保証人、連帯保証人としての責任は残ります。その場合は、別れた夫が支払不能ということになれば業者は妻のところに取立に来ることになるでしょう。

このように、貸金業者などからの借金を免れるということに関しては、離婚は何ら本質的な解決にはなりません。ただ、妻自身が保証人や連帯保証人になっていない場合に、離婚をして夫の元を去れば、事実上、取立の悩みから解放されることはありうるでしょう。

なお、借金がある、自己破産をした、などは離婚原因ではありませんが、そのことでケンカが絶えず婚姻関係が破綻していれば離婚も可能でしょう。

## Q5 妻が勝手に夫を保証人にしたとき夫に責任があるのか

保証契約とは、債権者と債務者との契約とは別個に保証人になる人と業者（債権者）の間で締結される契約です。妻が夫に内緒で夫を保証人にした場合、夫と業者の間に保証契約が締結されたわけではないので、夫に保証人としての責任はありません。

ただ、このようなケースでは、日常家事債務の夫婦の連帯責任の規定（民法七六一条）に基づいて夫婦はお互いに日常家事行為の代理権限があるので、民法一一〇条の表見代理が成立するのではないかという問題があります。しかし、消費者金融・クレジット債務の場合は、日常家事債務とはいえない場合が多いでしょうし、また、表見代理の成立についても、業者の主張に理由がないとして多くは否定されると思われます。

## Q6 未成年者のした借金の責任を親は負うのか

息子が未成年者でも、借金をしたのは息子ですから、親自身が保証人や連帯保証人になっていないかぎり親が借金を返済する義務はありません。

そもそも、未成年者が親の同意を得ないで借金をした場合は、親や未成年者は、後から借金を取り消すことができます（民法四条）。ただ、このように後から取り消されるのを防ぐため、業者は通常、契約書に親の署名捺印をもとめ、形式上親の同意をとった形をとります。しかし、親に無断で形式上同意があっても、その同意は原則的に無効で取り消すことができます。

ただ、クレジットカードによるキャッシングの場合には、未成年者が親の同意を得てクレジットカード契約を結んだ際に親の包括的な同意があったものとして、一回一回のカードの利用が利用限度内である場合は、キャッシングを取り消すことはできないでしょう。

# 4 自己破産と生活・職場の影響Q&A

## Q1 破産するとアパートを追い出されるか（自宅から出ていく必要があるか）

改正前の民法では、借主が破産すると家主は契約を解約できることになっていましたが、この規定は削除されました。というのは、この規定は合理性がないので、判例によって、借地借家法が適用される賃貸借の場合は将来の賃料がきちんと支払われるかぎり、借主が破産しても家主は契約を解約できないことに修正されたのです。

したがって、家賃をこれからもしっかり払っていけるのであれば、アパートを追い出されることはありません。

なお、自宅があれば、破産管財人が選任され売却・換価されますが、通常、家が売却されるまで住み続けることができます。

## Q2 破産すると家財道具や生命保険はどうなるか

自己破産する者に財産がない場合（同時廃止）は破産管財人が選任されず、家財道具を含めて、財産が処分されることはありません。生命保険を解約する必要もありません。ただし、生命保険の解約払戻金が相当の額になる場合は、同時廃止になりません。

同時廃止にならず、破産管財人がつく場合は財産が処分されます。ただ、この場合でも、家財道具が民事執行法で定められた生活必需品等の差押禁止財産にあたる場合は、処分されません。また、家財道具が中古品の場合は、債務者以外の者（妻や親戚）が一括して安い値段で買い取って、従来どおり債務者の家族で使用するなどができます。

生命保険は解約して、解約払戻金が債権者の配当などにあてられます。ただし、簡易生命保険の場合は、平成三年三月三一日までに効力が発生したものについては解約されません（中吉徹郎・岩崎慎・編『破産管財の手引』第三版・金融財政事情研究会 一四五ページ参照）。

## Q3 破産するとローン支払中の車はどうなるか

ローン支払中のため登録名義がローン会社にある場合（これを所有権留保といいます）は、査定してもらったうえ時価で引き取ってもらいます。ローン残金から自動車の時価を差し引いた額がローン会社の債権として残りますが、これは破産手続きのなかで処理されます。

所有権留保がなされていない場合は、自動車は破産財団に組み込まれ換価処分され、債権者への配当金にあてられることになります。

## Q4 破産するとローン支払中の自宅はどうなるか

破産者に自宅がある場合は、裁判所により破産管財人が選任されます。この場合、管財人の費用などで裁判所に納める予納金（四〇万円程度が基準額）が必要です。

そして、自宅は破産管財人が売却または競売して代金を破産財団に組み入れることになりますが、自宅が売却または競売手続きが終わるまでは、通常は住み続けることができます。

具体的にどの程度住み続けることができるかはケース・バイ・ケースですが、現在の不動産状況ではすぐ買い手がつくとも思えませんので、半年から一年程度ではないかと思われます。

なお、どうしても現在の家に住み続けたいという場合、民事再生法による手続きをするという方法もあります。

## Q5　債権者が給料を差し押さえるといっている

毎月の給料が債権者によって全部差し押さえられると、普通のサラリーマンは生活ができません。そこで日常的な生活費として支出する部分は、差押えが禁止されています。具体的には、給料の手取り額の四分の三の額と政令で定められた標準的な世帯の一か月の消費支出額（現在三三万円）とを比べて、どちらか少ないほうが差押え禁止額です（四三ページ参照）。

たとえば、給料の手取り額が四〇万円の場合は、差押え禁止額は三〇万円となり、給料の手取り額が二〇万円ならば、差押え禁止額は一五万円です。ただ、その金額では生活が非常に苦しい場合は、差押禁止額の増額を裁判所に申し立てることができます（同法一五三条）。

## Q6 自己破産した場合に退職金はどうなるか

退職金が数十万円以上見込まれる場合は、破産管財人が選出されます。そして、破産手続開始決定時点ですでに退職している場合には、手取り額の四分の一だけが破産管財人の管理する破産財団に組み込まれ、残り四分の三は自由に使うことができます。まだ退職していない場合は、退職金規程などにより算出した将来の退職金請求権のうち、四分の一だけが破産財団に入ります。

ただ、破産したからといって退職を強要されることはありませんし、退職しない以上お金はもらえないのですから、現実に退職金を破産財団に入れることは困難です。そこで、実際には、会社に勤務しつつ、退職したとすれば手に入る金額の四分の一になるまで、給料のなかから破産管財人に分割払いする場合もあるようです。

## Q7 社員が蒸発して業者が未払い給料・退職金を請求してきた

会社は、貸金業者の請求を原則としてすべて拒絶しなければなりません。労働基準法二四条は、賃金は直接労働者本人に渡さなければならないという「直接払いの原則」を定めているからです。この規定は強行法規ですから、たとえ労働者本人の承諾があっても同条に反する支払いは無効です。また、退職金も労働の対価として支払われるものとして、「直接払いの原則」が適用されます。（労働基準法一一条）。

ただし、貸金業者が給与の差押・転付命令を得ている場合は、「直接払いの原則」の例外として、会社は差し押さえられた範囲で未払い給料や退職金を支払わなければなりません。

## Q8 取立屋が会社に来るので困っている

取立屋と呼ばれる人達が債務者の勤務先に行って債務者や同僚、会社などに迷惑を被らせることは、貸金業法二一条（貸金債権の場合）および割賦販売法に関する経済産業省通達（クレジット債権の場合）に違反します。また、取立により会社の業務が妨害されることになれば業務妨害罪（刑法二三三条、二三四条）が成立しますし、会社のほうで迷惑になるから帰ってくれと求めても帰らなければ不退去罪（刑法一三〇条）になります。

これらの罪で取立屋を警察や検察庁に告訴でき、緊急の場合は一一〇番通報してください。監督行政庁（金融庁・各地の財務局や都道府県貸金業指導係）に苦情申立をするのも効果的です。それでも勤務先への取立が続くようなら、裁判所に対し取立禁止仮処分申請、損害を被った場合は不法行為による損害賠償請求もできます。

# 5 借金の有無(原因)についてのQ&A

## Q1 友人が健康保険証を持ち出し借金して逃げた

友人が勝手にあなたの健康保険証を悪用してあなた名義で貸金業者から借金をしても、あなたに支払義務はまったくありません。あなたは名義を不正に使用されたにすぎないのですから契約の当事者ではなく、友人が支払義務を負います。

貸金業者の取立に対しては、事情を説明するとともに、すべての貸金業者に対して、右の事情を説明した内容証明郵便による通知書を出し、今後あなたに対して取立をしないよう求めたらよいと思います。それでも取立をやめない業者に対しては、債務不存在確認訴訟を提起すればよいでしょう。手続きについては、弁護士に相談してみてください。

## Q2 健康保険証を盗まれて貸金業者から取立を受けている

健康保険証を使い、名前を無断で使用されて借金をされただけですから、貸金業者との間には金銭消費貸借契約は成立していないので、貸金業者の請求に応じる必要はありません。

しかし、業者に対しては、健康保健証は盗まれたものであり、自分は金銭を借りておらず支払義務がないので今後一切請求しないようにとの通知を内容証明郵便（二〇〇ページ参照）で出しておいたほうがよいでしょう。

それでもなお貸金業者が請求をやめない場合は、債務不存在確認訴訟を提起すればよいと思います。訴訟手続きについては弁護士に相談してみてください。

なお、貸金業者は、健康保険証等を提示すれば金銭の貸付を行っているのが実情ですので、今後は健康保険証はしっかり管理しておいてください。

## Q3 カードを勝手に作られて多額の請求がきた

あなたは名前を無断で使用されただけで、あなたとカード会社との間のクレジットカード契約は成立していないのですから、この場合も一切カード会社の請求に応じる必要はありません。

自分はクレジットカード契約を締結しておらず、カードも使用していないので支払義務はない旨の通知を、カード会社に対して内容証明郵便で出しておいたほうがよいでしょう。また、カード会社から会員契約の申込書の写しを送付してもらって、申込書の署名の筆跡があなたのものでないことを確認してみるとよいでしょう。

内容証明郵便による通知を出してもカード会社が請求を繰り返す場合は、カード会社を被告として、債務不存在確認訴訟を提起すればよいと思います。訴訟手続きについては弁護士に相談してみてください。

## Q4 盗難カードの使用で請求がきて困っている

至急、カード会社および警察にカードの盗難届を提出してください。

多くの会員規約では、カード会社および警察に盗難届を提出した場合、①盗難・紛失が会員の故意または重過失による場合、②他人に譲渡・貸与・質入した場合など以外は、カード会社への盗難届を基準として前後六〇日（合計一二一日）に不正使用されたことによる代金については債務が免除されたり、盗難保険によって損害が補填されることになっています。

保険金請求期間（被保険者が損害の発生を知ってから三〇日以内）の徒過などにより保険が下りないときなどの場合は、会員規約ではカードの盗難による不正使用の責任は会員の負担になるとされています。しかし、署名などの確認について販売店に落度があるとか、カード会社の不注意で与信してしまった場合などは、カード会社と販売店の落度を主張して、支払の拒絶あるいは過失の度合による支払金の減額ができるものと考えられます。

## Q5 カードを友人に貸したら約束以上に使ってしまった

カード会員規約では、クレジットカードを他人に貸与することを禁止していて、もしカードを貸与してカードが使用された場合は、会員が使用したものとして、会員に支払義務を負わせているのが普通です。

したがって、友人に自分のカードを貸したら約束以上に使われてしまった場合であっても、原則として全額についてカード保有者であるあなたが支払わなければなりません。

ただ、署名の確認について加盟店に不注意がある、カードの不正使用についてカード会社や加盟店に落度があるなど場合には、カード会員規約にもかかわらず、友人に使用を認めた以上の金額については、支払を拒絶できることも考えられます。

いずれにしても、トラブルになるので友人にクレジットカードは貸さないことです。

## Q6 ダマされて保証人にされたがやめたい

保証人や連帯保証人となる保証契約は、保証人と業者（債権者）との間の契約です。

したがって、あなたが友人に「絶対に迷惑を掛けないから」と言われて保証人になったとしても、保証人としての責任を免れることはできません。だました、だまされたの問題は、あなたと友人の間の問題でしかないのです。しかし、もし、業者に「保証人としての責任は追及しませんから形式的に署名してほしい」などとだまされて保証契約を締結した場合は、保証契約の無効または取消しを主張し責任を免れることができます（民法九五条・九六条）。

いずれにしろ、ダマされたからといって業者と交渉しても、なかなか業者は応じてくれないでしょう。弁護士に相談することをお勧めします。

なお、貸金業法の改正で、連帯保証人については、事前書面および契約書面に、催告の抗弁権および検索の抗弁権がない旨の記載をすることが義務づけられました。

## Q7 保証人として支払った金を取り戻したい

保証人や連帯保証人には求償権があり、業者（債権者）に支払った金額は、主たる債務者（直接の借主）に請求できます。また、主たる債務者には資力はないが他に連帯保証人がいる場合は、連帯保証人の頭数で割った額を超えて支払った分については、他の連帯保証人に請求することができます。

しかし、このような求償権を行使して、主たる債務者や連帯保証人から業者に支払った金を回収しようとしても、実際は非常に困難であるのが実情です。なぜなら、相手に資力がない限り、求償権を行使しても回収できないからです。

したがって、親しい友人などから消費者金融・クレジット債務の保証人になってくれと頼まれても断るのが賢明でしょう。

# 6 業者の悪質取立と対抗法Q＆A

## Q1 取立屋に暴力をふるわれた

取立屋が暴力をふるえば刑法の暴行罪（二〇八条）が成立しますし、その暴力によりケガをしたのであれば傷害罪（二〇四条）が成立しますので、告訴してください。また、その取立屋が消費者金融の債権の取立屋ならば、貸金業法の取立行為規制（二一一条）に違反することになります。

そこで、取立屋をこれらの罪で警察や検察庁に刑事告訴することができますし、監督行政庁（金督庁・各地の財務局や都道府県貸金業指導係）に対して、暴力的な取立を行わせた悪質金融業者の業務停止などの行政処分の申立もできます。

また、クレジット債権の取立屋の場合は、割賦販売法の取立行為規制に関する経済産業省通達違反として、行政処分の申立をすることができます。

以上の刑事的・行政的手続きの他に、不法行為による損害賠償などの民事的手続きをとることもできます。

## Q2 親・兄弟や妻に支払請求がきた

保証人や連帯保証人になっていないかぎり、親子・兄弟・夫など家族のした借金でも、他の家族に支払義務はまったくありません。

業者が支払義務のない親族などに対して支払請求することは、貸金業法で禁止されています し、クレジット債務についても、割賦販売法に関する経済産業省通達で禁止されています。

そこで、支払義務のない親族が取立を受けた場合、取立をやめるよう警告する文書を内容証明郵便で出せばいいでしょう。

それでも支払請求を繰り返す場合は、監督行政庁に行政処分や苦情の申立を行うとともに、警察に対し貸金業法違反で刑事告訴をする方法があります。

また、取立禁止の仮処分申請もできます。

▼内容証明郵便の文例

通知書

私は、貴社より借金をしている○○○○の妻です。ここ数ヵ月、夫の借金の返済を私に強く求められて困っております。

借主でない私に、借金の返済を迫ることは法律でも禁止されています。以後、このようなことのないよう、十分注意していただくようお願いします。

なお、今後もこのような行為が続く場合には、監督官庁への苦情申立等の手段を講じさせていただきますので、悪しからずご了承ください。

令和○年○月○日

○○県○市○町○丁目○番○号

○○○○ ㊞

○○県○市○町○丁目○番○号

○○○○殿

## Q3 業者に白紙委任状と印鑑証明書を要求された

お金を借りる際に、貸金業者から白紙委任状と印鑑証明書を要求されても、絶対に応じてはいけません。どうしても要求するような業者からはお金を借りないようにするべきです。

業者が白紙委任状と印鑑証明書を要求するのは、不動産に抵当権を設定したり、公正証書を作成するためと思われます。しかし、公正証書が作成されれば、裁判をしないで直ちに強制執行をして、給料・家財道具などを差し押さえることが可能になります。

また、白紙委任状に業者が勝手に自分に都合のよい事項を記入して、借主に著しく不利な内容の公正証書を作成するおそれがあり、借主が思わぬ不利益を被ることもあります。

貸金業法二〇条や割賦販売法に関する経済産業省通達は、業者が白紙委託状を取得することを制限しており、違反した場合には行政処分や罰則が科せられます。

## Q4 返済が滞ったためカードを担保に取られた

債務者の返済が滞ったとき、クレジットカードを担保に取る貸金業者がいます。しかし、クレジットカードを担保に金銭を貸し付ける行為は、割賦販売法で禁止されており、違反には罰則があります。

また、返済が滞ったときクレジットカードを使用して返済にあてさせることは、貸金業法にも違反（二一条一項四号）することになります。

したがって、この悪質金融業者を直ちに警察か検察庁に刑事告訴し処罰を求めるとともに、監督行政庁（金融庁・各地の財務局か都道府県貸金業指導係）に苦情申立をして、クレジットカードを取り戻すようにしてください。

## Q5 借金をする際に生活保護受給カードを担保に取られた

貸金業者が貸付をする際に生活保護受給カードを担保に取ることは、貸金業法で禁止されています（二〇条の二）。国民年金や労災保険年金などの年金を担保にすることも同じく禁止されています。違反者には罰則もあります。

したがって、生活保護受給カードを担保に取ることは違法ですから、すでに貸付を受けていても業者にカードの返還を請求できます。ただ、このような違法な貸付をする業者は質が悪いことが多く、一人で返還を求めることは危険ですので、監督行政庁（金融庁・各地の財務局か都道府県貸金業指導係）に相談したほうがようでしょう。

## Q6 借金を返済しないと詐欺罪になるといっている

貸金業者から借金をする時点で、返済する気もないのにそれを秘して借りる場合は詐欺罪になります。

しかし、よく行われている「まわし（返済のために他の業者から新たな借金をすること）」による借金は、返済する気はあったが結果的に払えなくなったというケースが多く、この場合は詐欺罪にはあたらないと思われます。貸金業者のほうでも、「まわし」によって債権を回収するつもりの場合がほとんどですから、業者がだまされたなどとはいえないはずです。

業者は、実際は告訴するつもりはなくても、債権を回収するために「返さなければ詐欺罪で告訴する」と借主を脅しているのですから、あまり気にする必要はありません。

場合によっては、このような業者こそ脅迫罪に該当し、告訴できるものと思われます。

## Q7　支払済のはずなのに業者が再度請求してきた

このような場合には、まず、貸金業者に対して、すでに支払済であるので今後一切請求しないようにとの通知書を内容証明郵便で出すのがよいでしょう。それでも請求をやめない業者に対しては、債務不存在確認訴訟を提起する方法があります。

また、悪質な取立は不法行為ですから、慰謝料請求などの損害賠償請求訴訟を提起したり、悪質な取立を禁止する仮処分を求める裁判を起こすこともできます。なお、監督行政庁、（金融庁・各地の財務局、または都道府県貸金業指導係）に苦情申立をしておいた方がよいと思います。

## Q8　時効のはずの借金を請求されている

消滅時効が成立していれば、債権自体が消滅しますので借金を支払わずにすみます。二〇二〇年四月一日以降に生じた債権は、権利行使ができることを知ったときから五年、権利行使ができるときから一〇年で時効消滅します。

この五年または一〇年の時効期間を数えはじめる起算点は、借金の返済時期からですが、返済時期以後に一回でも利息や元本を返済している場合は、その最後に返済したときから数えることになります。

このようにして時効期間が経過している場合は、消滅時効の成立を主張（援用）して支払を拒むことができます。時効が成立していれば、利息を払う必要もありません。

なお、時効の援用は口頭でもできますが、時効が成立しているので支払わない旨の通知書を内容証明郵便で出しておくのがよいでしょう。

## Q9 悪質取立に対抗して慰謝料を請求したい

業者の取立が悪質で民法の不法行為（七〇九条）に該当するときは、その業者に慰謝料を請求することができます。慰謝料の請求が認められたケースとしては、①破産者およびその妻に対する金融業者の取立手段が暴行、脅迫、監禁によるもので、破産者に対する一八〇万円の慰謝料の支払を認めたもの（名古屋地裁判決・昭和六一年三月二四日）、②貸金業者が玄関前に「借りた金を返してください」という張り紙をした取立方法を違法として慰謝料一〇万円の支払を命じたものなど多くの判例があります。慰謝料の請求は悪質取立に対する有効な対抗手段です。

## Q10 多重債務者をねらう悪質商法があるというが

数年前の事件に多重債務者をねらった手数料詐取事件がありました。これは、スポーツ紙などで「低利で大口融資」などと宣伝し、融資額の一〇パーセントの手数料を振り込ませたうえで約束手形を郵送するというものでした。しかし、この手形は銀行に持ち込んでも換金できず、結局、多重債務者は手数料をだまし取られるということになりました。

もちろん、この事件は詐欺罪で強制捜査が行われましたが、会社は幽霊会社ですでに倒産しており、手数料の回収は困難なようです。

このように、多重債務者をねらう悪質商法が横行している折、この手の話には十分気をつけるようにするべきです。

### ★悪質貸金業者に注意！

最近の例には以下のようなものがあります。

**〔ヤミ金融〕**　ヤミ金融は高利をとり、脅迫まがいの取立をする違法業者です。こうした業者からは絶対に借りないことですが、もし、借りて被害にあった場合は、警察や弁護士に早めに相談してください。

**〔押し貸し〕**　多重債務者などに対して、いきなりお金を振り込み、貸付と称して高額の利子をとる手口です。契約は成立していませんので、高額の利息を払う必要はありません。また、不法原因給付となり、振り込まれたお金も返済しなくてよい場合もあります。

**〔架空請求〕**　架空請求は、請求されるいわれのない請求のことです。消費者金融に関しては「〇〇〇から債権譲渡を受けた」などと偽って、支払を強要するなどがあります。また、実際には融資の紹介をしないのに、紹介料と称して高額の手数料を要求する例もあります。こうした場合は、直接的に対応することなく、警察や消費者センターに相談するのがよいでしょう。

# ●債権者がとる法的手段と対処法

## ■債権者がとる一般的な債権回収の法的手段

**●支払督促による債権の回収**　督促手続きと呼ばれる手続きで、債務者の住所地を管轄する簡易裁判所に支払督促の申立書を提出すると、裁判所は債務者に対して支払督促を発してくれます。債務者から異議がでないと仮執行の宣言を付けてもらうことにより、ただちに強制執行ができます。支払督促は簡単な手続きでしかも費用も安くすみますが、債務者より異議の申立があると、訴訟に移行します。債務者としては、問題があれば異議の申立をすべきです。

**●訴訟による債権の回収**　民事訴訟を起こして判決をもらい、その判決を債務名義として強制執行をする方法です。債務者に財産があればいいのですが、財産がなく強制執行するものがなければ意味がありません。自己破産（同時廃止）をしようとしている債務者には、ほとんど効果はないでしょう。

**●強制執行の申立による債権の回収**　先に述べた判決や強制執行認諾約款のある公正証書を債務名義として、債務者の財産に対して強制執行をすることができます。しかし、これは手続きも難しく、簡単にできるものではありません。まして、債務者に資産がなければ、強制執行しても費用倒れに終わります。なお、サラリーマンの場合に給料の差押えもできます。しかし、この場合も全額を差し押さえることはできません（四三ページ参照）。

**●保証人への請求による債権の回収**　借り主（主たる債務者）が借金の返済をしない場合、債務者は保証人に対して支払の請求をすることになります。保証人としては、この支払請求を拒むわけにはいきません。ただし、債権者に支払った金額を、後で主たる債務者に返してもらう（求償）ことはできます。なお、保証人も支払不能の状態にある場合、自己破産することもできます。

**●抵当権の実行による回収法**　金銭貸借では、金額が大きくなると債務者の財産に抵当権を設定するのが通常です。抵当権が設定されていると、担保権の実行による競売により債権を回収することができます。なお、物を担保にとる方法には、この抵当権の設定のほかに、①質権の設定、②譲渡担保、③代物弁済予約による方法などがあります。

**■財産がなければ恐れるものはない**

債権者がいくら法律を駆使して貸金を回収しようとしても、債務者に支払うだけの財産がなければどうしようもありません。

また、詐欺罪で告訴するなどと業者がいう場合があるようですが、返済できないからといって詐欺罪に問われることはありません。

## ●信用情報の登録（いわゆるブラックリスト）と間違った情報への対処法

### ●自己破産と信用情報

自己破産によって破産者となり、その後免責をえたような場合には、事故情報としてリストに載ることになります。リストに載ると、だいたい五～七年間は貸金業者・クレジット・銀行などより借入れをすることはできなくなります。

債権回収ができるかどうかは、債務者の個人的・経済的信用力にかかってくるわけで、カード会社にとっては債務者の支払能力を判断する情報が不可欠になります。そこで、自社だけではなく、他社の保有するデータをも互いに利用できるようにするために、末尾にあげる三つの信用情報機関があります。

信用情報機関が保有する情報には、ホワイト情報（取引情報）とブラック情報（事故情報）があります。

現在では未払い、延滞、破産などの事故情報の情報交流が行われています。

### ●情報の訂正や削除をするには

登録されている信用情報について債務者本人による開示請求ができるのは当然です。もし情報が事実と異なっている場合、信用情報機関に対して情報の訂正や削除を申し立てることができます。

開示の方法は、書面によって相手に直接手渡すことを原則としていますが、郵送にすることもできます。なお、本人であることの確認のため印鑑証明書を必要とする情報機関もあります。信用情報機関は、訂正や削除の申立があったときには、直ちに当該情報を提供した提供先に照会するなどして調査して、その結果を一定期間内に本人に通知しなければなりません。

### ●信用情報機関の連絡先

①㈱ＣＩＣ（クレジット系・指定信用情報機関）　☎〇五七〇—六六六—四一四

②㈱日本信用情報機構（消費者金融系・指定信用情報機関）　〇五七〇—〇五五—九五五

③（一社）全国銀行個人信用情報センター（ＪＢＡ）（銀行系）　〇一二〇—五四〇—五五八

〔巻末特集〕
# 増加する老後破産の現況といざというときの対応法

## 破産者の四人に一人は六〇歳以上

「老後破産」が増えているといいます。今後ますます加速することが予想されています。

次ページの上段の表は各年齢ごとに生じた破産件数の推移を示しています。二〇二〇年の数字を見ると、六〇歳代、七〇歳代を合わせれば二六％弱もの割合になります。破産者の四人に一人は六〇歳以上であり、しかも二〇〇二年調査から二〇二〇年調査までしだいに割合を増す傾向を示しています（特に七〇歳代は顕著）。悠々自適、楽隠居とはいかない人の多さが伺えます。

真面目に働いて自分の人生を立派に築き上げ、蓄財もそれなりになしてきたであろう方が、いまさらなぜそんな目にあうのでしょうか。

サラリーマンは、正社員として安定した収入を得てきた場合でも定年退職後にはその収入を失います。爾後の生活を支える二本柱は原則六五歳から支給を受ける年金と、退職金を受け取れる方はそれも含めてそれまで蓄えてきた預貯金類の取崩しになりますが、将来の心配無用といえるだけ確保できている方ばかりではありません。というか、そういう方はむしろ少数派です。

受け取れる年金の月平均額（第一号被保険者）をみれば一四万四九八二円、国民年金は五万六四二八円（令和五年度、厚労省年金局『厚生年金保険・国民年金事業の概況』）。生活水準の設計

## ●破産債務者（年代別）

【年齢】

| 年代 | 20調査 | 17調査 | 14調査 | 11調査 | 08調査 | 05調査 | 02調査 |
|---|---|---|---|---|---|---|---|
| 20歳未満 | 0.00% | 0.00% | 0.00% | 0.00% | 0.00% | 0.00% | 0.00% |
| 20歳代 | 9.92% | 7.35% | 6.37% | 6.48% | 12.05% | 12.80% | 13.65% |
| 30歳代 | 15.89% | 19.55% | 18.15% | 21.31% | 25.98% | 23.95% | 24.57% |
| 40歳代 | 26.94% | 26.01% | 27.02% | 26.99% | 23.93% | 23.87% | 21.84% |
| 50歳代 | 21.45% | 22.78% | 21.05% | 22.61% | 21.39% | 22.04% | 22.99% |
| 60歳代 | 16.37% | 16.40% | 18.71% | 17.50% | 12.54% | 14.20% | 14.23% |
| 70歳代以上 | 9.35% | 7.51% | 8.63% | 5.02% | 3.93% | 3.05% | 2.73% |
| 不明 | 0.08% | 0.40% | 0.08% | 0.08% | 0.16% | 0.09% | 0.00% |

出典：2020年破産事件及び個人再生事件記録調査（日本弁護士連合会）

にもよりますが、一般論をいえば稀に旅行やグルメなどプチ贅沢を楽しむ程度でも、使えるお金が年金のみでは心もとないことでしょう。老後には医療費なども余計にかかります。厚生年金はまだしも国民年金のみの場合は、とても一月の生計をまかなうに足りる額とはいえません。

しかもこれは平均の数字ですから、半分の方はこの金額を下回るのです。

### 預貯金ゼロが約二割

それではもう一本の柱、預貯金類はどうでしょう。

金融資産（預貯金に限らず株式や投資信託など金融商品も含み不動産は含まない）保有額調査のデータでは、六〇歳代の平均額＝二〇二六万円、七〇歳代＝一七五七万円（令和五年・金融広報中央委員会『家計の金融行動に関する世論調査』）。なかなかの額ですが、ただし平均値には少数の高額層が数字を大きく引っ張り上げるというカラクリがあります。中央値（高額保有者から下に降りていき、ちょうど真ん中に当たる人の額）をみれば六〇歳代、七〇歳代ともに七〇〇万円で、こちらの方が一般の肌感に近いでしょう。

しかも、まったく預貯金等はないという非保有者が六〇歳代＝二一・〇％、七〇歳代＝一九・二％もおり、五〇〇万円以下なら六〇歳代＝四〇・六％、七〇歳代＝四一・四％にものぼります。

## 解決できない問題はない

つまり、年金では足りない分を貯蓄等の取り崩しで補おうにも、原資がないか、あるにはあっても長期の持続性は見込めない方がかなりの割合存在するということです。そういう方は、新しい仕事を探して収入を得るという第三の柱を立てる必要があります。しかし、もう働くのはパス、でも現役時代の生活水準は落とせない、むしろ時間の余裕ができたぶん趣味娯楽や消費生活も余計に楽しみたい――そう思って仕事はせず、お金の足りないぶんをローンやクレジットで無計画に賄っていくなら、果てに待ち構えるものは「老後破産」。働きたくても働き口が見つからない、あるいは体調が悪くて働くに働けないということだって、高齢者となればありがちです。

他方、平均をはるかに超える資産を蓄えたお金持ち老人なら安泰かといえば、それはそれで落とし穴はあります。近年とみに富裕な高齢者を狙い撃ちにした投資詐欺や起業詐欺、あるいは「老いらくの恋」を仕掛けて大金を奪うロマンス詐欺なるものもはびこっているといいます。詐欺ならずともハイリスクな株取引や資金運用に大金を投じれば、すべて無に帰すことも起こり得る。お金持ちはお金持ちなりの危険因子を抱えているのです。

## 生活保護を役立てよう

いよいよ破産手続きに進むとして、その間、生活費に事欠くこともあるでしょうが、近親者からの支援も得難い場合には国が提供するセーフティネット＝生活保護の利用を考えるべきです。保護費の受給が認められると、年金やアルバイト代などの収入と厚労大臣が定める基準（最低生活費）を比較し、収入が最低生活費に満たなければ最低生活費から収入を差し引いた差額が支給されます。この最低生活費は、住んでいる地域や世帯の構成等によって異なります。支給される生活扶助基準額（食費・被服費・光熱水費等に対応するもの）の例は、以下のとおりです。

単身世帯（六八歳）　東京都区部＝七万七九八〇円　地方郡部＝六万八四五〇円

夫婦世帯（六八歳・六五歳）　東京都区部＝一二万二四六〇円　地方郡部＝一〇万八七二〇円

（厚生労働省「『生活保護制度』に関するQ＆A」）

加えてアパート等の家賃は住宅扶助として定められた範囲で実費を支給されます。また、医療サービスや介護サービスの費用は本人負担なしになり、高齢者には特にメリットの多い制度です。注意すべきは、受け取った生活保護費を借金返済に充ててはならないということ。保護費は受給者の借金返済を助けるためのものではないからです。このため、債務カットのうえで少額返済を続けて借金解消をはかる任意整理や個人再生の手続きは、生活保護を受けながらでは難しいことになります。詳細はぜひ市区町村の担当窓口、地域包括支援センター、弁護士会の相談サービス等を利用し、最適な解決法を探り当てるようにしてください。

# 巻末資料

## 資料 1　借金整理に関する各種の法律の概要

## 資料 2　借金に関する相談先・苦情申立先

・貸金に関する苦情申立先

金融庁および財務局・財務事務所

都道府県の貸金業担当部課係

・借金整理事件の弁護士報酬（東京三弁護士会）

# 〔資料1〕借金整理に関する各種の法律の概要

※令和五年四月一日現在

## 1 破産法

■破産法は、支払不能等にある債務者の財産を整理し、経済生活の再生の機会を与えるというもので、自己破産はこの法律により行われる。

破産手続の開始、同時廃止、免責及び復権、詐欺破産罪・過怠破産罪などについて規定がある。

▼**最近の改正**（平成一七年一月一日施行）

①「破産申立」から「破産手続開始の申立」への変更。「破産宣告」はくなり、「破産手続開始の決定」により「破産者」となった。

②債務者からの破産手続開始の申立があったときには、「免責の申立」も同時にあったものとみなされる。これにより破産申立と免責手続が一本化され、破産後の債権者からの財産の差押えはできなくなった。

③破産者の手元に残すことができる「自由財産」の金額が九九万円に引上げられた（民事執行法では六六万円）。

④非免責債権に以下のものが追加された。

⑴破産者が故意または重大な過失により加えた人の生命又は身体を害する不法行為に基づく損害賠償請求

⑵以下に掲げる義務に係る請求権

㋑夫婦間の協力および扶助の義務

㋺婚姻から生ずる費用の分担義務

㋩子の監護に関する義務

㋥扶養の義務

㋭前記㋑～㋥までに掲げる義務に類する義務で契約に基づくもの

⑤その他　破産申立の増加を踏まえ、東京・大阪地裁では集中処理ができるようになり、東京地方裁判所等では、「即日面接手続」を実施。これは、弁護士が代理人になっている個人破産申立事件について、申立日あるいは申

立日の翌日から起算して三日以内に裁判官が弁護士と面接し、問題がなければ即日破産手続開始の決定をするスピーディな手続き。

## 2　特定調停法

■特定調停法は、正式には「特定債務等の調整の促進のための特定調停に関する法律」で、支払不能に陥るおそれのある者が利用できる民事調停の特例である。

調停においては、利息制限法の上限金利で利息の計算のし直しが行われ、すでに支払った利息との差額が減額される。返済は三年程度で、毎月の返済額が決められる。

また、計算のし直しにより、既に返済が完了している場合には過払金となり、債務者はその分の返還請求ができる。

なお、貸金業の金利も、利息制限法の制限金利となったことから特定調停法による借金整理は意味を失い、平成一五年の五三万七〇〇〇件をピークに令和五年度は二〇二九件に激減した。

## 3　民事再生法

■民事再生法は、経済的に窮境にある債務者について、その債権者の同意を得、裁判所の認可を受けた再生計画案を定めることにより、債務者の経済再生を図ることを目的とするものである。

民事再生法には「個人再生手続き」があり、これには通常の「個人再生」「小規模個人再生」「給与所得者等個人再生」とがある。また、これらの再生手続と共にする「住宅資金貸付債権に関する特則（住宅資金特別条項を定める）」がある。

住宅を手離さず再生が可能ということで利用が期待される個人再生で、令和五年度の利用件数は九三六七件となっている。

## 4　貸金業法

■貸金業法は、従前は貸金業規制法だったが、平成一八年の改正で「貸金業法」として改題された。

▼**平成一八年の主な改正点は、以下のとおり。**

①貸金業の金利の引き下げ
「みなし弁済」（金利は年二九・二％）が廃止され利息制限法による金利が適用された。合わせて、出資法による貸金業の刑罰金利が二九・二％超から二〇％に引き下げられた。
②貸出し要件の厳格化
⑴貸金業者に借手の返済能力の調査の義務づけ
⑵借入れ残高が五〇万円超となる貸付、または総借入残高が一〇〇万円超となる貸付は、年収等資料取得の義務づけ
⑶返済能力を超えた貸付（年収の三分の一超）の禁止
③業務規制の強化（今までの規制に追加）
⑴夜間に加え日中の執拗な取立行為などを規制
⑵貸付に当たり、トータルな元利負担額などを説明した書面の事前交付の義務づけ
⑶貸金業者が借手等の自殺により保険金が支払われる保険契約を締結することを禁止
⑷公正証書作成にかかる委任状の取得の禁止
⑸連帯保証人に対して、催告・検索の抗弁権がないことの説明の義務づけ

## 5　その他

**割賦販売法**　割賦販売（クレジット）に関する取引の公正確保、購入者等の損害の防止、クレジットカード番号等の適切な管理に必要な措置を講ずるなど購入者等の利益の保護を図る。
第一章「総則」、第二章「割賦販売」、第二章の二「ローン提携販売」、第三章「信用購入あっせん」、第三章の二「前払式特定取引」など。
なお、キャッシングは貸金業法が適用される。

**利息制限法**　利息の最高限度などを定める。
・元本が一〇万円未満…年利二〇％
・元本が一〇万円以上一〇〇万円未満…年利一八％
・元本が一〇〇万円以上…年利一五％
この金利を超える利息をとると、超えた部分の利息は無効で、まず元本の返済に充当される。完済で余った分は過払金の返還請求ができる。

**出資法**　正式名称は「出資の受け入れ、預り金及び金利等の取締に関する法律」。貸金業者は年二〇％を超える契約をすると処罰される。

# 〔資料2〕借金整理に関する相談先・苦情申立先

■相談所としては、①弁護士会の法律相談所、②都道府県などの自治体が行っている法律相談所、③財団法人日本クレジットカウンセリング協会などがあります。

## ◆弁護士会の法律相談センター

弁護士会は各都道府県にあり、法律相談所が設けられています。弁護士会の法律相談は有料であり、相談料は三〇分で五〇〇〇円（税別）程度です。ただし、借金相談は、原則、無料です。

借金無料電話相談　☎〇五七〇–〇七一–三一六

## ◆日本司法支援センター（愛称「法テラス」）

日本司法支援センターは全国に五〇の地方事務所があり、国民に対して紛争解決のための道すじを示す情報提供や、経済的な理由によって、法律の保護をうけられずに泣き寝入りすることがないように、民事法律扶助などを行います。☎〇五七〇–〇七八三七四（コールセンター）

## ◆（公財）日本クレジットカウンセリング協会

（公財）日本クレジットカウンセリング協会は、複数のクレジット会社等に債務があり、返済が困難な多重債務者に対して、その人の社会的・経済的な立ち直りを支援するための相談機関です。その業務内容は、①多重債務者の更生・救済のためのカウンセリング業務、②多重債務者発生防止のための啓蒙業務を主としています。カウンセリングは無料で秘密厳守ですが、受けるにはクレジットの利用者であることなどの制約があります。☎〇五七〇―〇三一六四〇

### ◆悪質行為と苦情申立（金融庁・財務局・都道府県の貸金業担当係）

業者の取立が貸金業法や同法の通達に違反する場合は、債務者（借主）は、監督行政庁に対して苦情の申立をして行政処分をしてくれるよう請求することができます。この監督官庁としては、金融庁および財務局、都道府県の貸金業担当係があります。また、日本貸金業協会が、債務者等の相談・苦情処理を行っています。☎〇五七〇-〇五一-〇五一

### ◆国民生活センター・消費生活センター

東京には国民生活センターがあり、全国には約五〇〇の消費生活センターがあって、各種の消費に関する相談を行っています。貸金等に関する相談もでき、法令違反などの場合には相手と交渉してくれることもあります。最寄りの消費生活センターに、まず電話してください。また、消費者庁には消費者ホットライン（☎一八八）があります。

### ◆裁判所の窓口

自己破産の申立は、原則として債務者の住所地を管轄する地方裁判所に対して行います。破産の申立は、弁護士に依頼すれば、いちばん安心ですが、弁護士費用がない等の理由から、債務者本人が借金整理をする場合があります。こうした場合には、借金整理の方法を含め、簡易裁判所（一般調停・特定調停）の窓口で相談するといいでしょう。

# 貸金に関する苦情等申立先

## 金融庁および財務局・財務事務所一覧

金融庁　電話 03(3506)6000 (代)

金融利用者サービス相談室
ナビダイヤル 0570-016811

| 財務局・事務所名 | 所在地 | 電話 |
|---|---|---|
| 北海道財務局 | 〒060-8579 札幌市北区北8条西2札幌第1合同庁舎 | 011(709)2311 |
| 函館財務事務所 | 〒041-0806 函館市美原3-4-4函館第2地方合同庁舎 | 0138(47)8445 |
| 旭川財務事務所 | 〒078-8503 旭川市宮前1条3-3-15旭川地方合同庁舎 | 0166(31)4151 |
| 釧路財務事務所 | 〒085-8649 釧路市幸町10-3釧路地方合同庁舎 | 0154(32)0701 |
| 帯広財務事務所 | 〒080-0015 帯広市西5条南8丁目帯広第2地方合同庁舎 | 0155(25)6381 |
| 東北財務局 | 〒980-8436 仙台市青葉区本町3-3-1仙台合同庁舎 | 022(263)1111 |
| 青森財務事務所 | 〒030-8577 青森市新町2-4-25青森合同庁舎 | 017(722)1461 |
| 盛岡財務事務所 | 〒020-0023 盛岡市内丸7-25盛岡合同庁舎 | 019(625)3351 |
| 秋田財務事務所 | 〒010-0951 秋田市山王7-1-4秋田第2合同庁舎 | 018(862)4191 |
| 山形財務事務所 | 〒990-0041 山形市緑町2-15-3山形第2地方合同庁舎 | 023(641)5177 |
| 福島財務事務所 | 〒960-8112 福島市花園町5-46福島第2合同庁舎 | 024(535)0301 |
| 関東財務局 | 〒330-9716 さいたま市中央区新都心1-1さいたま新都心合同庁舎1号館 | 048(600)1111 |
| 東京財務事務所 | 〒113-8553 文京区湯島4-6-15湯島地方合同庁舎 | 03(5842)7011 |
| 横浜財務事務所 | 〒231-8412 横浜市中区北仲通5-57横浜第2合同庁舎 | 045(681)0931 |
| 千葉財務事務所 | 〒260-8607 千葉市中央区椿森5-6-1 | 043(251)7211 |
| 甲府財務事務所 | 〒400-0031 甲府市丸の内1-1-18甲府合同庁舎 | 055(253)2261 |
| 宇都宮財務事務所 | 〒320-8532 宇都宮市桜3-1-10 | 028(633)6221 |
| 水戸財務事務所 | 〒310-8566 水戸市北見町1-4 | 029(221)3188 |
| 前橋財務事務所 | 〒371-0026 前橋市大手町2-3-1前橋地方合同庁舎 | 027(221)4491 |
| 新潟財務事務所 | 〒950-8623 新潟市中央区美咲町1-2-1新潟美咲合同庁舎2号館 | 025(281)7051 |
| 長野財務事務所 | 〒380-0846 長野市旭町1108長野第2合同庁舎 | 026(234)5123 |
| 北陸財務局 | 〒921-8508 金沢市新神田4-3-10金沢新神田合同庁舎 | 076(292)7860 |
| 福井財務事務所 | 〒910-8519 福井市春山1-1-54福井春山合同庁舎 | 0776(25)8230 |
| 富山財務事務所 | 〒930-8554 富山市牛島新町11-7富山合同庁舎 | 076(432)5521 |

| 財務局・事務所名 | 所在地 | 電話 |
|---|---|---|
| 東海財務局 | 〒460-8521 名古屋市中区三の丸 3-3-1 | 052(951)1772 |
| 静岡財務事務所 | 〒420-8636 静岡市葵区追手町 9-50 静岡地方合同庁舎 | 054(251)4321 |
| 津財務事務所 | 〒514-8560 津市桜橋 2-129 | 059(225)7221 |
| 岐阜財務事務所 | 〒500-8716 岐阜市金竜町 5-13 岐阜合同庁舎 | 058(247)4111 |
| 近畿財務局 | 〒540-8550 大阪市中央区大手前 4-1-76 大阪合同庁舎第 4 号館 | 06(6949)6390 |
| 京都財務事務所 | 〒606-8395 京都市左京区丸太町川端東入ル東丸太町 34-12 京都第 2 地方合同庁舎 | 075(752)1417 |
| 神戸財務事務所 | 〒650-0024 神戸市中央区海岸通 29 神戸地方合同庁舎 | 078(391)6941 |
| 奈良財務事務所 | 〒630-8213 奈良市登大路町 81 奈良合同庁舎 | 0742(27)3161 |
| 和歌山財務事務所 | 〒641-8143 和歌山市 2 番丁 3 和歌山地方合同庁舎 | 073(422)6141 |
| 大津財務事務所 | 〒520-0044 大津市京町 3-1-1 大津びわ湖合同庁舎 | 077(522)3765 |
| 中国財務局 | 〒730-8520 広島市中区上八丁堀 6-30 広島合同庁舎第 4 号館 | 082(221)9221 |
| 山口財務事務所 | 〒753-8526 山口市中河原 6-16 山口地方合同庁舎 | 083(922)2190 |
| 岡山財務事務所 | 〒700-8555 岡山市北区桑田町 1-36 岡山地方合同庁舎 | 086(223)1131 |
| 鳥取財務事務所 | 〒680-0845 鳥取市富安 2-89-4 鳥取第 1 地方合同庁舎 | 0857(26)2295 |
| 松江財務事務所 | 〒690-0841 松江市向島町 134-10 松江地方合同庁舎 | 0852(21)5231 |
| 四国財務局 | 〒760-8550 高松市サンポート 3-33 高松サンポート合同庁舎（南館） | 087(811)7780 |
| 徳島財務事務所 | 〒770-0941 徳島市万代町 3-5 徳島第 2 地方合同庁舎 | 088(622)5181 |
| 松山財務事務所 | 〒790-0808 松山市若草町 4-3 松山若草合同庁舎 | 089(941)7185 |
| 高知財務事務所 | 〒780-0061 高知市栄田町 2-2-10 高知よさこい咲都合同庁舎 | 088(822)9177 |
| 九州財務局 | 〒860-8585 熊本市西区春日 2-10-1 熊本地方合同庁舎 | 096(351)6351 |
| 大分財務事務所 | 〒870-0016 大分市新川町 2-1-36 大分合同庁舎 | 097(532)7107 |
| 鹿児島財務事務所 | 〒892-0816 鹿児島市山下町 13-10 鹿児島第 3 地方合同庁舎 | 099(226)6155 |
| 宮崎財務事務所 | 〒880-0805 宮崎市橘通東 3-1-22 宮崎合同庁舎 | 0985(22)7101 |
| 福岡財務支局 | 〒812-0013 福岡市博多区博多駅東 2-11-1 福岡合同庁舎 | 092(411)7281 |
| 佐賀財務事務所 | 〒840-0801 佐賀市駅前中央 3-3-20 佐賀第 2 合同庁舎 | 0952(32)7161 |
| 長崎財務事務所 | 〒850-0052 長崎市筑後町 3-24 | 095(827)7095 |
| 沖縄総合事務局財務部 | 〒900-0006 那覇市おもろまち 2-1-1 那覇第 2 地方合同庁舎 2 号館 | 098(866)0091 |

※この他にも出張所がありますので、確認してください。

## 都道府県の貸金業担当部課係

| 都道府県名 | 貸金業の担当部課係 | 電話 |
|---|---|---|
| 北海道 | 環境生活部くらし安全局消費者安全課 | 011(231)4111（本庁）<br>☎0120-1-78372 |
| 青森県 | 経済産業部経済産業政策課 | 017(734)9368（直） |
| 岩手県 | 商工労働観光部経営支援課 | 019(629)5542（直） |
| 宮城県 | 経済商工観光部商工金融課 | 022(211)2743（直） |
| 秋田県 | 生活環境部県民生活課 | 018(860)1517（直） |
| 山形県 | 産業労働部商業振興・経営支援課 | 023(630)3266（直） |
| 福島県 | 商工労働部経営金融課 | 024(521)7288（直） |
| 茨城県 | 産業戦略部産業政策課金融担当 | 029(301)3530（直） |
| 栃木県 | 産業労働観光部経営支援課金融担当 | 028(623)3180（直） |
| 群馬県 | 産業経済部地域企業支援課金融係 | 027(226)3335（直） |
| 埼玉県 | 産業労働部金融課 | 048(830)3794（直） |
| 千葉県 | 環境生活部くらし安全推進課 | 043(223)2271（直） |
| 東京都 | 産業労働局金融部貸金業対策課貸金業検査指導係 | 03(5320)4775（直） |
| 神奈川県 | 産業労働局中小企業部金融課 | 045(210)5690（直） |
| 新潟県 | 産業労働部地域産業振興課金融係 | 025(280)5240（直） |
| 山梨県 | 産業労働部産業振興課金融担当 | 055(223)1537（直） |
| 長野県 | 産業労働部経営・創業支援課 | 026(235)7200（直） |
| 富山県 | 商工労働部地域産業振興室経営支援課 | 076(444)3248（直） |
| 石川県 | 商工労働部経営支援課 | 076(225)1522（直） |
| 福井県 | 産業労働部経営改革課 | 0776(20)0373（直） |
| 岐阜県 | 商工労働部商業・金融課 | 058(272)8374（直） |
| 静岡県 | 経済産業部商工業局商工金融課 | 054(221)2972（直） |
| 愛知県 | 経済産業局中小企業部中小企業金融課 | 052(954)6333（直） |

| 都道府県名 | 貸金業の担当部課係 | 電話 |
|---|---|---|
| 三重県 | 雇用経済部中小企業・サービス産業振興課商工金融支援班 | 059(224)2447（直） |
| 滋賀県 | 商工観光労働部中小企業支援課金融支援係 | 077(528)3732（直） |
| 京都府 | 商工労働観光部中小企業総合支援課 | 075(414)4868（直） |
| 大阪府 | 商工労働部中小企業支援室金融課 | 06(6210)9506（直） |
| 兵庫県 | 産業労働部地域経済課 | 078(362)9174（直） |
| 奈良県 | 産業部経営支援課金融支援係 | 0742(27)8807（直） |
| 和歌山県 | 商工労働部商工労働政策局商工企画課 | 073(441)2720（直） |
| 鳥取県 | 商工労働部企業支援課金融担当 | 0857(26)7249（直） |
| 島根県 | 商工労働部中小企業課金融係 | 0852(22)5883（直） |
| 岡山県 | 産業労働部経営支援課金融支援班 | 086(226)7369（直） |
| 広島県 | 商工労働局経営革新課金融企画グループ | 082(513)3321（直） |
| 山口県 | 産業労働部経営金融課金融支援班 | 083(933)3188（直） |
| 徳島県 | 経済産業部企業支援課金融担当 | 088(621)2354（直） |
| 香川県 | 危機管理総局くらし安全安心課 | 087(832)3233（直） |
| 愛媛県 | 経済労働部産業支援局経営支援課 | 089(912)2481（直） |
| 高知県 | 商工労働部経営支援課 | 088(823)9905（直） |
| 福岡県 | 商工部中小企業振興課管理指導係 | 092(643)3423（直） |
| 佐賀県 | 産業労働部産業政策課金融支援担当 | 0952(25)7093（直） |
| 長崎県 | 県民生活環境部食品安全・消費生活課 | 095(895)2318（直） |
| 熊本県 | 環境生活部県民生活局消費生活課 | 096(333)2308（直） |
| 大分県 | 商工観光労働部経営創造・金融課 | 097(506)3226(代) |
| 宮崎県 | 商工観光労働部商工政策課経営金融支援室 | 0985(26)7097（直） |
| 鹿児島県 | 男女共同参画局消費者行政推進室事業者指導係 | 099(286)2530（直） |
| 沖縄県 | 生活福祉部生活安全安心課消費生活班 | 098(866)2187（直） |

## ●借金整理事件の弁護士報酬（クレジット・サラ金事件 報酬基準：東京三弁護士会）

**1　任意整理**（完済業者に対する過払金請求を受任する場合を含む）

(1)　着手金　ア　債権者が1社または2社の場合　5万円
　　　　　　イ　債権者が3社以上の場合　2万円×債権者数

(2)　報酬金　（1債権者について、次のア～ウまでの金額の合計額が上限）
　ア　基本報酬額　和解が成立し、又は過払金の返還を受けたときは2万円
　イ　減額報酬金　残元金（利息制限法による引き直し後）の全部または一部の請求を免れたときは、請求を免れた金額の10％相当額
　ウ　過払金報酬　金過払金の返還を受けたときは、返還を受けた過払金の20％相当額

(3)　分割返済金代理送金手数料　金融機関の送金手数料を含め、1件1回1000円を上限とする。

※違法高金利業者が債権者である場合などについては別途規定がある（省略）。

**2　自己破産**

(1)　着手金　20万円以内。ただし、夫と妻、親と子等関係のある複数人からの受任で、同一裁判所での同時進行手続の場合、1人当たりの金額は、各5万円を減額した金額内とする。会社と代表者個人の双方から受任する場合の代表者個人についても同様とする。

(2)　報酬金　免責決定が得られた場合のみ、前号（1）の着手金基準を上限として受領できるものとし、過払金の返還を受けたときは、過払金報酬金（1の（2）のウ）を別途請求できるものとする。

**3　個人再生**

(1)　着手金　30万円以内

(2)　報酬金　事案簡明な場合20万円以内

(3)　分割返済金代理送金手数料　金融機関の送金手数料を含め、1件1回1000円を上限とする。

**4　出廷報酬**

(1)　応訴の場合（任意整理・自己破産共通）　債権者からの提訴に対する応訴の必要上、弁護士が裁判所に出頭する場合、1回1万円以内の出廷報酬を1債権者について受領することができる。
　ただし、1債権者につき3万円を上限として受領することができる。

(2)　自己破産または個人再生　申立裁判所が遠隔地の場合、申立裁判所への出頭1回につき2万円以内の日当を受領することができる。

**5　実　費**　交通費、通信費、予納金、コピー代等受任事件処理に必要な実費は、別途受領することができる。

**〔注意規定〕**本基準は、弁護士報酬の目安を定めたもの（抜すい）。消費税含まず。

※日本弁護士会連合会の報酬基準は平成15年3月末で廃止され、各弁護士が定めることになっています。

〔監修者〕
**神田　将**（かんだ　すすむ）
昭和38年9月7日、東京生まれ。平成2年、東京大学経済学部経済学科卒業。平成10年、司法試験合格。平成12年、弁護士登録。第一東京弁護士会所属。損害保険法、企業法、消費者法、民事介入暴力等の分野で活躍中。
著書に『図解による民法のしくみ』『図解による会社法・商法のしくみ』『図解による民事訴訟のしくみ』（いずれも自由国民社刊）などがある。

〔企画・執筆〕
**(有)生活と法律研究所**
神木正裕／眞田りえ子
齊藤志郎（行政書士）

**【借金完全整理】自己破産マニュアル**

1996年12月20日　初版第1刷発行
2025年1月7日　第6版第1刷発行

監　修　神田　将
編　著　生活と法律研究所
発行者　石井　悟
印刷所　横山印刷株式会社
製本所　新風製本株式会社

発行所　自由国民社
〒171-0033　東京都豊島区高田3丁目10番11号
TEL〔販売〕03(6233)0781　〔編集〕03(6233)0786
https://www.jiyu.co.jp/